高等院校学前教育专业教材

幼儿园手工设计与制作

KINDERGARTEN MANUAL DESIGN AND PRODUCTION

李焕岭◎著

河海大学出版社
HOHAI UNIVERSITY PRESS

图书在版编目（CIP）数据

幼儿园手工设计与制作 / 李焕岭著 . —南京：河海
大学出版社，2012.6（2013.1重印）
高等院校学前教育专业教材
ISBN 978-7-5630-3036-1

Ⅰ.①幼 …　Ⅱ.①李 …　Ⅲ.①手工课 – 学前教育 – 高
等院校 – 教材　Ⅳ.① G613.6

中国版本图书馆 CIP 数据核字（2012）第 112666 号

书　　名 / 幼儿园手工设计与制作
书　　号 / ISBN 978-7-5630-3036-1 / G·939
责任编辑 / 周　勤
封面设计 / 李焕岭
内文设计 / 红骑士设计
出　　版 / 河海大学出版社
地　　址 / 南京市西康路 1 号 (邮编 210098)
电　　话 / （025）83737852（行政部）
　　　　　　（025）83722833（发行部）
经　　销 / 江苏省新华发行集团有限公司
印　　刷 / 江苏农垦机关印刷厂有限公司
开　　本 / 787 毫米 ×1092 毫米　1/16
印　　张 / 8.75
字　　数 / 170 千字
版　　次 / 2012 年 6 月第 1 版　2013 年 1 月第 2 次印刷
定　　价 / 32.00 元

序

  中国有句老话，3 岁看大，7 岁看老。话虽简朴，寓意深刻。幼儿阶段养成良好的行为习惯，终生受益。活泼好动是幼儿的天性。动手操作对幼儿身心发展意义重大。幼儿通过手工制作、操作玩具及日常生活用品，可以直接促进视觉、触觉、动觉及感知觉的发展和相互间的协调；可以认识同一类物体的共性，使知觉更加具有概括性，并为概括表象和概念的产生奠定基础。因而，手工设计与制作能力就成为幼儿园教师专业素质的重要构成部分。在学前教育专业开办之初，我院就把"幼儿园手工设计与制作"列为专业必修课程并重点建设。根据学科建设需要，经组织专门协调，徐州高等师范美术特级教师、艺术系主任李焕岭老师至我院担任学前教育和小学教育专业美术课程教学。如何培养本科学历幼儿园教师的手工设计与制作能力，在课程开设之初，缺乏教学经验和具有针对性、实用性的教材。李焕岭老师边研究，边实践，经过十年的探索和积淀，形成了这本即将出版的《幼儿园手工设计与制作》教材。由于工作关系，我与作者相伴十年，见证了作者十年的创作实践和为之付出的艰辛。我认为，《幼儿园手工设计与制作》一书具有如下特点和学术追求。

  首先，以教学目标为导向，以教育研究作支撑。《幼儿园手工设计与制作》一书经历了一个反复探索、逐步完善的建设过程。在教学之初，由于没有现成的合适的教材，作者根据课程教学目标定位，紧扣幼儿园手工"设计"与"制作"两个能力要素，结合幼儿园教学实践，精心设计教学内容，年年修订，不断完善，力求最大化地服务于教学目标的达成。从课题确立、内容设计到制作材料筛选，均为自编自创，凝聚了作者对"幼儿园手工设计与制作"课程本质的独到见解和创造性劳动，充分贯彻体现了教学带动科研、科研反哺教学的原则。

  其次，课题源自实践，研究依托实践，成果回馈实践。为了实现课程教学目标与幼儿园教学需求的"无缝对接"，作者对幼儿园手工活动及其对幼儿教师的能力要求进行了广泛而深入的调查，从而为建构《幼儿园手工设计与制作》的框架结构奠定了扎实的实践基础。在教材初稿使用过程中，作者又利用指导学前教育本科生见习、实习的时机，检验教学内容与幼儿园教学实践的适切性，并结合历届毕业生的反馈信息，不断调整优化教材内容。教材中的部分案例取自我院历届毕业生在学期间的手工作品。许多毕业生反馈，他们在大学期间学习的"幼儿园手工设计与制作"课程以及形成的手工设计和制作能力，对他们入职以后较快地适应、胜任幼儿园教学工作产生了十分积极的作用。

  再次，工艺制作精美，文字诠释扼要，图文并茂，可读性强。教材使用了大量手工作品，栩栩如生，形象逼真，生动直观，可摩可赏。语言简洁，深入浅出，力求灰色的理论生动化，深奥的道理浅显化。

  这是一本融理论性、工艺性、实用性于一体的好教材。它的正式出版，必将对学前教育专业教材建设和学生培养发挥重要作用，并产生积极的社会效益。

  是为序。

段作章

2012 年 1 月 1 日

（序文作者为江苏师范大学教育科学学院院长、教授，基础教育研究中心主任，江苏省学前教育研究会理事，全国教学论专业委员会理事，全国课程论专业委员会理事。）

目录

第四章

综合材料设计与造型

第五章

幼儿园手工辅助技能

第一章

幼儿园手工概念

本章的学习重点和目标是：充分理解高、精、尖的玩具替代不了对幼儿动手能力的培养。此外，还要明确面向幼儿园的手工艺设计与制作的基本理念、功能、特征、分类、构成要素等等，以便树立科学的现代设计观与工艺观，正确指导幼儿园的手工艺设计与制作，并有效地开展现代教育观指引下的幼儿园手工教学实践。

一、幼儿园手工设计制作中的美学与科学

形式美是许多成功的手工艺作品能够产生艺术魅力，给人以美的享受和艺术感染力的主要因素，这种促使人们带有创造性思维的审美活动，展现了人类独具的文化素养，反映了人类与社会、经济，与技术、生理，与心理的互动关系，是人类对现代化文明社会进行物的美化或美的物化的认识过程。

应用于幼儿园里的手工设计与制作与我们常见的各类工艺品不一样，幼儿园里的手工艺作品在一般情况下，并不表现重大题材和复杂的情节，它在很大程度上只是通过手工艺作品的自身造型、构成、色彩、工艺、结构等要素，凸显其独有的美学价值，达到提升幼儿园小朋友审美情趣的教学目标。另外，从艺术理论的角度来分析，也很有必要将幼儿园手工艺设计与制作纳入人文性质的范畴，彻底改变幼儿园手工设计与制作仅仅只是技能技巧训练的传统观念，要求幼儿园里的教师与小朋友们，通过手工设计与制作课程的学

图 1-1 橡皮泥造型【小老虎】

习，能够更好地汲取不同历史时期、不同地域风格、不同材质、不同工艺要求的手工艺作品中，所蕴含的丰富的人文精神，并且通过自身的艺术实践，表达出富有个性的对人文精神的不同理解。

1. 幼儿园手工设计需要遵循的理念

"设计"一词，按照中文可以解读为：设计人在正式做某项工作之前，根据设计人一定的目的要求，预先制定的方法、图样等。而"设计"一词的英文为"DESIGN"，意为：①作为名词可以解读为"意念，意图"；②作为动词解，即是"设计，计划"。综上所述，无论中英文怎样诠释"设计"一词，其所论之共同点应该引起我们的重视，即"设计"是创造，是依据个性化思维而产生的创意，不可以复制，不可以模仿，更不是丧失自我的抄袭。设计者即是创造者、创新者，设计者的思维，很大程度上决定了未来作品的质量优劣。因此，设计者要力求在设计实践中，最大化地挖掘设计者自身的智慧与潜能，努力走出新路，创出新意，并且特别要强调个性化的创意，追求时尚化的效果，这样的设计，才能称其为新颖不俗，才会在历史的长河中具有生生不息的生命力。

"设计"一词的定义确定以后，我们就可以比较清晰地确认：设计是一个严谨的思维过程，

也可以说是构想一个具象的"形"的过程。而对于应用于幼儿园的手工设计而言，这个设计的意义则更具有固定的目标指向，即：它一定不能等同于各种材质、各种形式的华贵的工艺品设计，也有别于工厂里工业产品的造型设计。幼儿园手工设计之所以说它具有固定的目标指向，

这是因为学前教育面对的教育群体非常特殊，这个群体呈绝对低龄化的状态。依据这一特征，幼儿园手工设计的理念理所当然地要迎合广大幼儿的生理和心理需求，手工设计的基本思路只能在这一基线上作上下浮动。设计者要想幼儿所想，做幼儿所做，一切设计构想都要向孩子们倾斜。与此同时，还要充分顾及幼儿的审美能力及审美情趣，全力创造孩子们喜闻乐见的手工艺术作品，让孩子们在"随风潜入夜，润物细无声"的美好意境中不知不觉地受到美的启迪，得到美的陶冶，升华他们的灵魂，打造出高尚的人格。而一旦背离了这一宗旨，背离了这一目标，任何设计面对天真无邪的孩子们可能都是徒劳无功的。设计的表述形式一般具有两个层面：其一，经过设计者的深思熟虑，基本上形成了一个比较清晰、具象、成熟的"形"，之后，这个"形"既可以继续储存在脑海里，也可以通过画笔形成

图1-2 纸贴画【大树上的猫头鹰】制作者：肖亚

具体的草图。其二，可以使用视觉化的手段，描绘出比较精美的设计图纸，深入规划出"成型"的方法和步骤，这里包括材料的选用，工具的配置，加工工艺的顺序以及对工艺水准的标准要求等等。

2. 幼儿园手工制作的工艺目标

制作一般是要在有了比较完美的设计之后进行，制作是设计的延伸与扩展，也是设计者设计意图的终极体现。制作就要用到"工"，所谓"工"，在中国古代汉语词典中，这个"工"字被诠释为"巧也，匠也，善其事也。凡执艺事成器物以利用，皆谓之工"。同时，我国古代的工匠们又在自己的艺术劳动实践中进一步认识到："工"又意味着"巧饰也"。由此可见，手工制作在古人眼里，不是简单粗糙的操作，而是一种带有工匠性质的精细劳动。另外，我们

的祖先又曾在《考工记》中论述到："知者创物，巧者述之守之，世谓之工，百工之事，皆为圣人之作也。烁金以为刃，凝土以为器。"今天，细细品味古人的说教，我们不得不赞叹古人议事之深邃，论点之精辟。古人把带有工艺性质的劳动视为神圣之作。可见，工艺制作确实非

图1-3 综合材料应用【京剧戏曲人物脸谱造型设计】

常人之所为，它对于操作者的素质有着较高的要求，我国从古至今，产生过许多著名的工艺大师，他们的一些极品手工艺作品甚至价值连城，反映了工艺制作不同凡响的劳动价值。既如此，反过来说，工艺制作的过程也是培养、打造、锤炼人才的过程。如果我们有计划地、合理地使用工艺制作这个平台，将工艺制作纳入人才培养的途径之一，那么工艺制作也可以对人才的培养起到至关重要的作用。

幼儿园里的手工制作也是工艺性质的劳动，只不过较之工艺师的劳动，其手工制作简单了许多，但简单并不意味着容易，可能是因为觉得简单而不用心，结果往往是简单的事情反而不容易做好。

所谓简单，在艺术设计中也可以解读为"简洁、概括"，而"简洁、概括"绝对不可以反过来解读为"省事、马虎"。艺术造型有别于生活中的真实形象，因为艺术造型需要依托生活中的原始形象加工、提炼而成，而这个加工、提炼的过程，其实就是对原始形象的构造进行"优选"、"重塑"的过程。"优选"选什么？选多少？实际上考量的是设计者的眼光、智慧与艺术修养。例如用艺术的手法塑造一棵树，需要优选的是"树形"，而"树叶"需要表现多少片？则是个概括到什么程度为恰到好处的"量"的问题了。

幼儿园里的手工造型设计，施教的对象是小朋友，理所当然的要对造型设计进行必要的简

图1-4 橡皮泥造型【蘑菇屋前的熊猫】

化处理，但不能因为需求简单而忽略对艺术的提炼，在这个过程中，注意"形"是关键，而表现细节的"量"是可以灵活处理的。

幼儿时期，他们的自我意识尚未形成，因而在各个方面具有非常大的可塑性和不可估量的发展潜力。在幼儿园里，教师与幼儿都是"艺术家"，而手工制作正是"艺术家"们施展才艺的广阔平台，重要的是，不同年龄的幼儿在这个平台上的动手能力肯定是参差不齐的，差异甚至会很明显，因此幼儿手工制作的目标要求也应因年龄而异，各不相同。

在幼儿园里，所谓"工艺"其实应该没有具体的指标，对于孩子们来说，成型即成功，成功即成就，有成就就快乐。不管怎样，尊重孩子们的创造，尊重孩子们的手工劳动，想方设法引导孩子们把貌似简单的手工制作做的五彩缤纷、情趣飞扬，在寓教于乐中培养孩子们的艺术素养，坚定不移地把塑造孩子们的健全人格放在幼儿园工作的首位，这才是幼儿园手工制作的根本目标。

3. 美学与科学是手工设计的灵魂

手工设计与制作是一项从无到有的辛勤劳动，成型的作品则是辛勤劳动的最后结晶。

生活是一部百科全书，对于艺术创作而言，可以说任何一件成功的作品都起源于设计者对生活的热爱及对生活的深切感受，生活是一切艺术创作的底蕴，脱离生活的艺术创作是没有根基的伪艺术。手工艺设计与制作同样如此，成功的，特别是出色的手工艺术造型，必然反映事物的本质特征，是生活形象集中概括、提炼转化后的理想化的形象，既

图1-5 微型雕塑【断臂维纳斯】

表达了设计者对选题的细致研究、严谨构思及对表达角度的认真遴选，同时，也表达了设计者对美学与科学的深刻理解和充分利用。

美学的另一个内涵是指优美的形体，必有严谨的比例关系。古代的人们把比例看作是具有美学性质的关系。1820年春，一位希腊农民在田野里劳作时发现了石雕"维纳斯"，【见图1-5】，这尊精美的雕塑后来之所以能成为不朽的传世名雕，令无数人为之倾倒，不仅是因为这尊雕塑的创意出自古希腊神话中的阿佛洛狄特，更因为这尊雕像整体比例关系高度严谨，无懈可击，而且人物造型丰满而圣洁，柔美而单纯，优雅而高贵，充分表现了少女的青春，生命的跃动。

再看【图1-6】，左面的马灯设计比例严谨，合理的体现了造型设计中的美学理念。而右面的马灯各部分比例严重失调，因而丧失了美感。

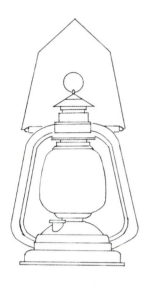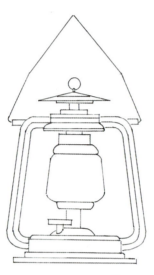

图1-6

在考古学和美术鉴赏里，学者们常常把旧石器时代晚期人类利用手工劳动制作的一些简易石制工具，还有我国山顶洞人同样利用手工劳动制作的用于美化生活的小型雕刻等，作为人类最早的美术遗物之一加以论述与佐证。今天看来，这些表面上看似不起眼的小东西，其实融入了远古人类的审美眼光和科学意识。直观地说，改变石头的形，让其变得好看是美学；而如何让普通石头变得锐利，以利狩猎时加大对野兽打击的力度便是科学。若干年来，随着社会的不断进步，人类的文明意识越来越强烈，美学与科学在更大的领域里，以更高的影响力左右着当今人们的工作与生活。例如，我们选购一台电冰箱，其外观设计是美学，而电冰箱的整体构成则是科学。再如，外观新奇别致的建筑是美学，而支持这个新奇别致的构想最终成型的则一定是科学，如此等等。美学与科学之要素在人们的工作与生活中越来越受到重视，今后，随着社会经济的发展，这种重视程度只会加强，不会削弱。

事实上，几乎所有的设计师在进行任何一次设计时，除了对设计与工艺的性质、功能、范围、目标、对象、程序、体系方面作出自己的分析和判断外，也必然要将当前社会政治、经济、文化、科技、艺术、民俗、美学等各种信息收集起来，并将其溶入于自己的头脑中，因为，这些互相联动的因素将直接影响着设计师的设计与实践。

幼儿园里的手工设计与制作

图1-7 综合材料【双翼飞机模型】制作者：许南南

貌似简单，但同样存在着一件作品与本质关系最为密切的基本要素，那就是美学与科学。举例说，幼儿园里常用的教具有车辆模型、舰船模型、飞机模型等等。模型是什么？模型即依照实物的形状与结构按比例缩小后制作的实物。而适合幼儿园里使用的模型，依据幼儿的审美情趣与能力，就需要有一个夸张的、艺术的再现物体原貌的基本要求。因此，适用于幼儿园的模型，实际上存在着一个将形体缩小后再设计的问题，而这个设计过程一定蕴含着设计者对美学与科学的运用，比如实物形体的主要特征、比例关系；模型结构成型的步骤与方法；如何创造强烈的立体效果；色彩的处理思路；力学问题对形体构成可能产生的影响；模型成型后如何保证原物体的基本形态不变等等。此外，还要注意尽可能地针对幼儿的喜好增强模型的可观赏性。

综上所述，幼儿园里的手工制作不管选用什么样的设计思路，什么档次的制作材质，什么样的加工手段，最终追求的都是制作成果。而这个成果通常情况下可以用四个标准来检验它的优劣，这四个标准分别是：造型美、材质美、装饰美和精确美。基本符合这四项标准的手工作品才有可能是比较完美的作品。

幼儿园里的手工制品可以是简单的，也可以是复杂的，但不管是简单的还是复杂的，美学与科学元素融于其中是客观的，不容违背的。不讲究美学与科学的手工制品一定是有缺陷的，没有美感的作品。

二、高校学前教育专业学生、幼儿园在职教师手工设计与制作学习目标

幼儿园手工艺设计与制作具有理论性、实践性、综合性三个方面的特点。

身在高校研读学前教育专业的大学生，以及已经就职的幼儿园教师，有别于尚未成年的幼儿园小朋友，依据这一群体的文化素养与动手能力，当然要将手工艺设计与制作的起点设定在一个较高的水准上。在读的幼教大学生和在职的幼儿教师，有必要深入探索和理解现代教育条件下幼儿园教师的职责，弄清楚幼儿园里为什么要针对小朋友进行手工艺教学？以及对尚未成年的小朋友适合教学什么样的手工制作？怎样施教等等。与此同时，还要进一步明确作为高校学前教育专业学生、幼儿园在职教师，又应该具备什么样的手工艺设计与制作能力？

1. 现代幼教对幼儿教师的要求

回顾历史，我国早期的幼儿教育事业远没有今天这样普及，限于当时国民经济的发展水平、国内的教育条件及管理体制，对从事幼儿教育的教师的资质要求不高。幼儿教师这一职业的准入门槛是比较低的，非正规渠道来源的教师执教的现象十分普遍。

门槛低，就意味着难有较高素质的

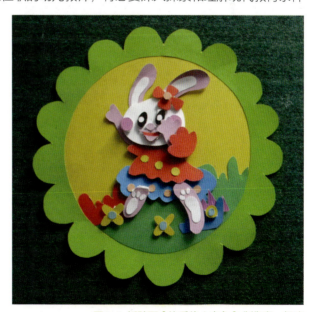

图1-8 纸贴画【快乐的小白兔】制作者：杨洁

人才加盟。建国初期，幼儿园的管理者在招聘雇佣幼儿园教师时，既无国家统一制定的招聘幼儿教师之标准参照执行，客观上也没有条件对从业者的学历、专业方向等提出明确而具体的聘

用原则及要求，因而难以对从业者加以优化筛选。大部分幼儿园在招聘雇佣幼儿教师时基本上无章可循，随意性比较大。在我国的幼教历史上，曾经有很多地方把在幼儿园工作的教师叫做"阿姨"，而不称其为老师，由此足见当时幼儿园教师的主要职责往往仅仅只是看护好孩子，没有或几乎没有教学的成分。基于此，建国初期，我国的幼教师资队伍整体水平不高，良莠不齐的现象也就在所难免的了。我们若用今天的眼光对这段幼教历史加以回顾和分析，大概可以得出这样的结论，造成这种现象的主要原因应该是：①国家宏观经济发展不迅速，国民经济整体实力不够强大，因而对幼儿教育的投入不可能很多。②科学技术含量高的工业生产体系尚未普及，劳动密集型组织在当时社会发展中占据着主导地位，因此全社会就业压力不大，人们普遍没有生存危机感，从而导致人们没有人才竞争意识，更莫谈当今社会才有的因为就业难而滋生的职场拼杀现象，故所谓人才培养从小做起的理念，远没有今天这样深入人心。③受宏观国民经济的制约，人们的生存视野不宽，大部分人民群众的生存目标要求仅限于温饱层次，对孩子的学前教育投资意识薄弱，不具备人才培养的超前意识。④限于历史原因，当时的教育主管部门乃

图1-9 橡皮泥造型【小毛驴】

至整个社会对学前教育的重要性尚无足够的认识，而专门从事学前教育研究的专家学者人数也微乎其微，组织支持与理论研究相对滞后，学前教育缺少强有力的支撑点。因此，我国的幼儿教育发展水平整体处于落后的状态就是必然的了。

今非昔比，温故而知新。如今，人们对幼儿教育的认识发生了翻天覆地的变化。所谓"不让孩子输在起跑线上"的说法非常深入人心，得到了许多家长的认可与热捧。尽管针对此

说，一些教育专家表示不敢苟同，但教育对人生成长所起到的主导作用，确确实实越来越受到广大人民群众的重视。目睹当今社会，一个家庭对孩子教育的资金投入像滚雪球一样越来越大，更有甚者，一些家庭甚至到了"不惜血本"的程度，足见当前社会人才竞争之激烈程度。有竞争才会有动力，有动力才会积极进取。

今天，幼儿教育普及了，但随着人们生活幸福指数的快速提升，许多年轻父母对幼儿园的评价要求也随之提升，有的挑剔几乎到了刻薄的地步。幼儿园的硬件、软件固然重要，但幼儿园的师资水平更是年轻父母们关注的焦点。因为当今的幼儿园在人们的意识里已真正成为教育的组成部分。人们不再仅仅追求自己的孩子只要在幼儿园里"平安无事"即可，而是要求幼儿园能够做到最大化地融入"教学"的成分，能让自己的孩子在幼儿园里不仅玩得好，还要学得好。因而，幼儿园师资水平的高低已经成为衡量其优劣的重要指标之一，甚至成为衡量一所幼儿园在同行业中的排位以及在社会上信誉度如何的重要砝码。

水涨船高，如今，拥有高学历的幼儿师范毕业生开始大量加盟幼儿教师队伍，硕士研究生、

博士生出现在当今的幼儿园里也已不足为奇。

既然当今的幼儿园融入了教学的成分，那么幼儿教师对幼儿教学的执教态度就应该是严肃认真的，不能因为受教育者的年龄呈低龄化而忽略对教育的研究与探讨，也不能因为受教育者的年龄小而忽略对教学效果的评估。幼教专家主张，任何时候，任何情况下，幼儿教师都要自觉地依据幼儿教育的规律，科学地组织教学、研究教学，切实避免幼儿园教学的随意性。

2. 对高校学前教育专业的学生、幼儿园教师工艺能力的培养

就幼儿园手工教学而言，教师自身的艺术素养与工艺能力在很大程度上决定了幼儿手工教学效果的优劣。一般认为，从事幼儿园手工教学的教师应该具备的基本条件是：

（1）比较扎实的美术绘画功底。

（2）熟悉各种各样适合幼儿园使用的手工制作材料及相对应的加工方法。

（3）爱孩子，了解他们的审美能力及情趣，特别是要擅长设计、组织及引导孩子们制作不超出他们动手能力范围的手工作品。

（4）不一味模仿，富有创新精神。

幼儿园手工设计与工艺制作产品的本质主要体现在教师的工艺水平及教学成果等方面。一般情况下，手工设计与制作的价值只有在进入竞赛、应用、教学之后才能够得以实现，而实现这个价值的过程则可能有短期和长期的区别。例如，高校学前教育专业的学生在高校学习期间，根据幼儿园的实际需求，设计制作出精美的手工作品，其造型、色彩、功能、材料、成本等，都是成功的、可取的，得到了老师和同学们的赞美与认可，这就是短期效应。但这些作品最终获得认可可能要等到学生们在幼儿园工作之后。因为如果这些手工艺作品确实具有创意性和开拓性，并且能够由于这些高水平或较高水平的手工艺制作改变一所幼儿园的环境布置及手工教学

图1-10 幼儿园教具【认识钟表】制作者：骆丽霏

质量，那么它给一所幼儿园带来的不仅仅是一件件精美的手工作品，而且有可能改变一所幼儿园教师的兴趣爱好，带出一批爱好手工制作的团队，甚至可能让一所幼儿园因此而创出特色和与众不同的品牌，让手工艺制作成为这所幼儿园在同行业中的亮点，这就是长期效应。

高水平的幼儿园手工艺教师是幼儿园里不可或缺的人才。

任何一所幼儿园的外观给人的第一印象，除去建筑物的形式之外，最抢眼的当数这所幼儿园艺术氛围的创设水准了，而这种特殊艺术氛围的打造绝对离不开美术，这里需要特别关注的是：幼儿与环境设计之美术中包含着幼儿园里用于教学和美化环境的手工艺设计与制作，并可能由此而产生价值。举例说，一位或多位擅长幼儿手工艺设计与制作的幼儿教师在创设一所幼儿园的环境时，当她或她们完成了这所幼儿园的环境氛围创意与设计，并且将这个设计实际

第一章 幼儿园手工概念

制作完成后，该所幼儿园的格调、样式、空间及气氛就会发生很大的或根本性的变化，并一定会由此构成更加良好的教育、服务环境，增强家长们对这所幼儿园的幼教消费意向，转而使这所幼儿园获得更高的经济效益并产生更大的社会影响力，从而形成更大价值的良性循环。

高水平的幼儿园手工设计与制作作品，可能会让一所幼儿园于无声处在幼教市场里形成更大的竞争力。

三、幼儿园手工类别划分

因幼儿园手工制作名目繁多，花色品种极其丰富多彩，故有必要对其进行归类划分，以利日常管理与教学。

所谓手工作品的分类，其实就是对手工制品或手工制作活动给以类别化的研究与区分。

由于手工作品在创意、设计阶段完成后，下一步理所当然地就要考虑选用什么材质的材料，才能将设计好的作品用最佳的效果表现出来。而在加工制作这个作品的过程中，又要连贯考虑利用什么样的工具、借助什么工艺将其制作成型。经过这样一系列的努力，待到作品完成后，我们会发现这样一个现象，除去手工制成品的原材料特性没有改变外，手工作品在形态、结构、应用功能等方面都已经不同于原有的材质了，取而代之的是一个面目全新的艺术造型。因此，我们可以得出这样的结论：在这一无论简单或是复杂的加工制作过程中，某种材料可能会在不同的加工阶段、不同的展现方向显示出不同的艺术意义。举例说，我们可以把所有用纸制作的手工作品叫做"纸工"，但纸有软纸、硬纸之分，而对纸的加工工艺又可以区分为折纸、撕纸、刻纸、剪纸等等。如果再进一步地细化分解，则又可以将其中的任一类别分解成若干个不同的品种，比如剪纸就可以进一步地细化分解成单色剪纸、染色剪纸、衬色剪纸等等，另外，还有窗花、拉花、供刺绣用的花样等等。如此看来，手工类别的划分虽然有助于人们加深了解不同类别的手工作品的形式及制作方法，但是，这种分类只适合侧重从某一方面、某一种材料作一个大概的划分。由于任何事物的性质往往都具有十分复杂的层次性，手工制作的性质又存有不可分割的相互联系，

图1-11 浮雕式纸贴画

因此，我们面对五花八门、异彩纷呈的手工作品，实际上要划分出绝对分明的界限很不容易，况且，人的思维、创意是随着时代的发展而不断推进的，加之，新材料、新工艺的不断涌现也会改变手工设计者的创作思路和制作方法，所以，按照这样的思想对手工作品进行划分，只会越划越细，越细越复杂，越复杂就越弄不清楚。

简单、概括的手工分类可以帮助我们快速地理解材料、加工手段、手工作品三者间的关系

以及它们相互间不可分割的内在联系。

由于分类角度的切入点和分类标准的不同，为了方便起见，可以将幼儿园里的手工分类按照不同的路径进行一个一目了然的简单划分。

1. 按选用制作材料的不同性质进行划分

例如，纸类、布类、线材类、颗粒状材料类、泥类、板材类（①各种有机板 ②吹塑板 ③泡沫板等等）、金属材料类等等。

2. 按手工制作过程中加工工艺的不同进行划分

例如，剪刻法、编织法、雕刻法、手撕法、镶嵌法、粘附法、烫烙法、绕线法、扎缠法、浇注法、串连法、插接法、揉捏法、刺绣法等等。

3. 按手工作品的展现效果进行划分

例如，平面作品、折合式作品、浮雕式作品、半立体式作品、全立体式作品等等。

这里特别要指出的是，不管用什么样的思路对手工制作和手工作品进行分类，目的只有一个，就是对名目繁多的幼儿园手工活动进行合理的、有效的梳理，其终极目的都是要方便小朋友们对手工作品进行快速辨认，同时方便幼儿教师的备课与教学，若背离了这一原则，任何划分都可能是偏离幼儿园实际需求的繁琐哲学。

图1-12 折纸造型【鲜花簇拥】制作者：陈圆圆

四、幼儿园环境与材料、幼儿与材料

许多国内外的幼教专家认为，儿童的行为倾向、行为习惯的形成与其所处的生存环境不可分割，且儿童与环境间的交往是双向的、互动的。

英国有一位名叫卡斯的著名学者，他在论述"环境教育"问题时提出了"在环境中教育"的理念，并倡导教育工作者在教育实践中积极推行应用这一理念。卡斯的这一论点提示我们：无论是社会环境还是自然环境，无论是人文环境还是物理环境，都无所不在地影响和制约着幼儿的身心与发展。

"在环境中教育"的理念之所以能够成立，是由幼儿自身身心发展的特点及幼儿教育的性质所决定的。儿童日常行为的形成，在很多情况下的确是由环境的力量塑造的，只要客观环境条件（包括幼儿园、家庭、公共场所利用各种物质材料人为创造出来的适宜的环境条件）具备，那么这个环境条件就会像磁场一样对幼儿产生强有力的影响。同时，这种环境力的影响与幼儿间的关系不是静止的，它一定是一个动态的过程，且是一个互动的过程。建构主义理论认为，处于生长期幼儿的认知在更多的情况下，不是通过幼儿教师教授获得的，而是幼儿在一定的情景中运用自己已有的感受和经验，通过人际间的互动和环境材料相互作用而主动构建起来的。

既然环境对幼儿的成长至关重要，那么重视幼儿园的环境打造就是理所当然的事情了。幼儿园环境创设需要材料，幼儿园幼儿手工制作活动也离不开材料，因此，各种各样的物质材料应该是幼儿园必备的、不可或缺的重要资源。

幼儿园里的材料应该从以下三个方面来理解及准备：

1. 构成环境的材料

图1-13 硬纸工【折合式立体画】

幼儿园之所以有别于其它教育环境，是因为幼儿园的环境创建与布置别具风格、与众不同。例如，幼儿园的墙壁上到处都装饰着卡通画风格的人物、动物壁画等，院子里安装着如同小人国里的微型活动器物，而在走廊里、教室里则挂满了造型各异、琳琅满目的挂件，另外还有类似于童话意境里的小房子，树木等等，可以说各种材料是幼儿园小朋友与环境互动的重要物质媒介和支柱。材料不仅丰富了幼儿园环境创设的内容、形式、氛围，而且还有效地激发、提升了小朋友与环境互动的兴趣、大胆的联想以及积极主动参与的行为，在幼儿园环境塑造中，离开了材料，所谓环境创设就成了无源之水，无本之木。

2. 可供幼儿摆弄、操作的材料

这类材料通常指的是大积木、小积木、各种功能的玩具、各种象形的小食品制作件、手帕、胶粒、彩色的插花片、橡皮泥、各种各样的大小盒子、小瓶子、小板凳等等。所有这些物品，从其特性上来说，都具有可操作性，非常适合幼儿毫无目的地随意摆弄，或有目的、有意向地摆弄。而这里特别要提醒的是，在这些材料的选择、配备、投放及拼装使用的过程中，一定要把安全问题放在首位。

3. 供幼儿园教师、幼儿动手制作手工作品的材料

正确、恰当地选择形态、质地、色彩、体量适宜的幼儿园手工制作材料，是保证顺利实现设计者设计意图的重要前提条件。中国的许多工艺大师在一些特殊的情况下，往往采用"因材选意"的创作方法，即根据材料的特性确定主题和造型，从而使得作品锦上添花、大放异彩。例如玉器工艺品的雕刻创作，工艺师们

图1-14 纸塑场景【美丽的家园】制作者：胡芹

往往首先要长时间地仔细观察，研究已有玉石的形状、体量、色彩特征等，经过缜密的思考，之后再慎重地决定创作意向和主题。而幼儿园里的手工设计与制作，一般情况下，就要反过来"因意选材"，因为，适宜幼儿的创意是幼儿园手工制作的第一要素，而材料应该是服务于创意的。

从广泛、简单、实用的角度来考虑，幼儿园里可以考虑使用的手工制作材料主要有纸类（硬纸和软纸两种）、布类、泡沫板材类、线材类、泥类、颗粒状材料等等。通常情况下，这些材料不仅来源广泛，而且容易加工，安全性较好。

五、幼儿园幼儿手工制作的安全性与常用的加工方法

幼儿园手工制作活动与幼儿绘画活动有所不同，手工制作离不开必要的工具，且随着手工作品的类别、繁杂程度的变化，对工具的要求也会随之而变；另外，教师动手制作与幼儿园小朋友动手制作，两者之间在使用的工具上最好有所区分，一是为了孩子们的安全，二是为了成人制作时的便利。

1. 安全性是幼儿园手工制作过程中头等重要的大事

教育不是为少数人服务的，对受教育者技能技巧的训练应该是大众化的，通常情况下，不应该采用指导少数人训练，利用少数人进行表演、展示的教学模式。教育的根本目标是要面向全体学生，幼儿园里的教育同样需要贯彻这个理念。

幼儿园的教师在面向小朋友设计手工制作课题时，在充分考虑选题是否具备实用性、可行性之后，手工制作材料的选择便成为首当其冲要考虑的问题，因为选择采用什么样的制作材料是确保课题能否顺利进行的重要条件。合适的、卫生的、具备环保性质的材料应该是幼儿园手工制作的首选材料；不仅如此，同时还应当进一步考虑的是，根据选题所确定使用的手工制作材料是否有可靠的、广泛的来源，特别是一些富有地域特色的手工制作，所使用的材料可能比较特殊，因此还要考虑不同地域的具体条件，是否能够取得相对应的制作材料；另外，还有加工这些材料所需工艺的可行性如何，其中的着重点应该是该项手工制作所需的操作要领，是否是绝大部分小朋友力所能及能掌握的；最后，重要的，也是最为关键的：孩子们动手制作时所使用的工具，在小朋友们的操作过程中，能否保证绝对安全！所以，在这一重要前提条件的制约下，小朋

图1-15 纸贴画【喜鹊与梅花】制作者：肖亚

友们在动手制作手工作品时，所使用的工具越少越好、越简单越好，若能配备专门供小朋友使用的手工制作工具则更好。例如，金属尖头被塑料包裹起来的特制小剪刀，还有用塑料制成的裁刀、小雕刻棒等等。

对于幼儿园教师而言，因为是成人，进行手工制作时使用什么工具则没有必要加以限制，除去常用的美工刀、剪刀、雕刻刀之外，锤子、锯子、钻、锉刀、镊子、钳子、螺丝刀等都是有可能使用到的工具。

2. 学会识别常规的手工制作符号

通常情况下，手工教材、手工制作自助成型卡片里的各种加工符号基本上都是统一的，比较容易辨认，为了方便制作，可以参照下图进一步识别和理解各种不同的加工方法。

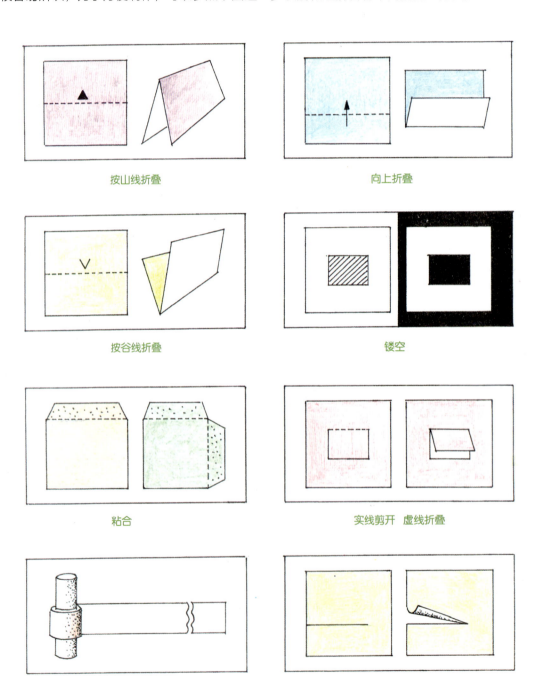

按山线折叠　　　　　　　　　　　　向上折叠

按谷线折叠　　　　　　　　　　　　镂空

粘合　　　　　　　　　　　　实线剪开　虚线折叠

用长纸条卷起来　　　　　　　　　　将实线剪开

第二章

PAPER DESIGNING AND MODELLING

纸品类设计与造型

　　纸是中国的四大发明之一，纸的问世促进了世界文化的进步，推动了人类文明的步伐，纸带给人类的效益远远超出了纸张本身的价值。

　　在大多数人的眼里，纸张最大的作用就是用来储存和传递信息，其实这是未能将纸张的作用发挥想象到极致。对于幼儿园来说，纸张不仅可以用来画画，还可以用来制作各种各样的手工艺品。本章的学习方向，正是以各种纸张作为主要的制作材料，来塑造不同类别的艺术造型，借以培养幼儿园小朋友们的动手能力，并提升幼儿园教师手工造型的技能技巧。

一、软纸工

软纸是相对于较硬的卡纸而言的。软纸的种类很多，有普通的白纸、宣纸、彩色纸，还有蜡光纸、皱纹纸、拷贝纸、瓦楞纸等等。将软纸用于手工制作，其实对纸张并没有十分苛刻的要求，往往因纸而想、因纸而用，当然，如果对纸工作品的质量、色彩、质地、造型有较高的要求，则需另当别论了。

软纸工的加工手段主要以折叠、剪刻为主，力求创新，一些情况下辅以绘画手法，则可能会使作品形象更加生动有趣。

制作实例（一） 折纸【大象】

大象是动物中的庞然大物，一般情况下不单独行动，以群居为主，若是几个象群聚集起来，其场面蔚为壮观。

大象多以家族为组合单位，而雌性大象则是这个大象家族的头领，大象家族每天行动的路线、时间，乃至觅食的地点，栖息的场所等等，均由雌性大象做出安排，群象听从指挥，随之行动。相比之下，成年雄性大象的职责显得非常单一，那就是要担当起保卫家族安全的重责。

小朋友喜爱大象，爱看大象，现在不妨用纸折叠一头大象，若是想让折叠的大象的形象更加生动，折叠后再将剪刻、绘画的方法运用进去，效果更好，见【图2-1】。

制作流程：

1. 取一张正方形的纸，因为大象是灰色的，所以最好选用淡灰色的纸。如【图2-2】找到中心点后，将纸的四角向中间折叠。

2. 按图中的虚线向中间垂线作对称折叠，见【图2-3】。

图2-1【小屋前的大象】

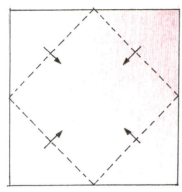

图2-2

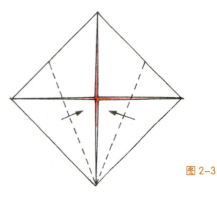

图2-3

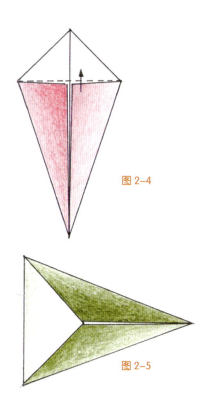

图 2-4

图 2-6

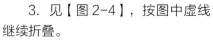

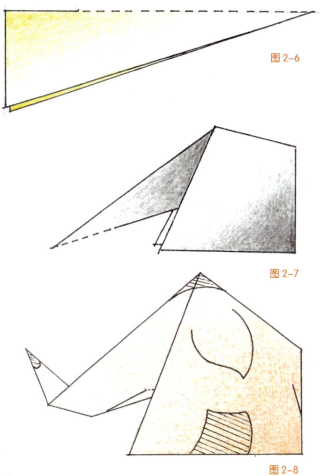

图 2-7

图 2-5

图 2-8

3. 见【图 2-4】，按图中虚线继续折叠。

4. 成型后如【图 2-5】，按中线再次对折，之后会形成一个有一定硬度的三角形，其形状如【图 2-6】。

5. 注意【图 2-6】中的虚线部分，将此虚线由现在的山线改折成谷线，成型后如【图 2-7】。

6. 以【图 2-7】为基础，参照【图 2-8】示意图，利用剪、刻、画等手法，深入加工出大象的细节，以增强大象的可观赏性。

图 2-9【大象】欣赏图例

第二章 纸品类设计与造型

制作实例（二） 折纸【可爱的小白兔】

制作流程：

1. 取一张正方形的纸，大小可根据欲制作的兔子的大小而定，最好选用白色纸，当然，如果欲折叠的小兔子是灰色、黑色，则需选用相对应色彩的纸张。

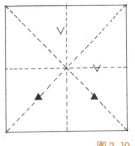

图 2-10

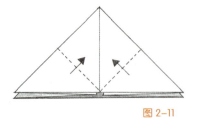

图 2-11

2. 横向、竖向找出十字线，同时折叠出对角十字线。效果见【图2-10】。

3. 挤折成【图2-11】后，将其中的两个角向中线折叠。

4. 按【图2-12】虚线所示折叠后，将上面的两个角向下折叠并插入左右两个三角形之中。见【图2-13】。

5. 将折纸反过来，按【图2-14】中的虚线对折。

6. 再按【图2-15】中的虚线向上对称斜折。

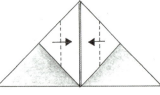

图 2-12

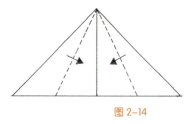

图 2-13

图 2-14

图 2-15

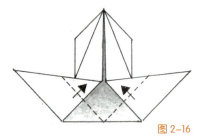

图 2-16

7. 按【图2-16】标注的虚线向中间垂直线作对称折叠。

图 2-17

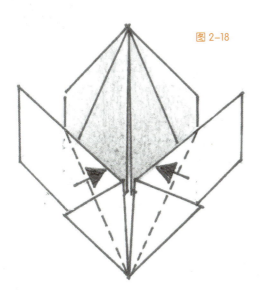

图 2-18

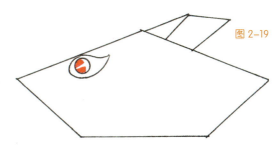

图 2-19

8. 如【图 2-18】再次按虚线提示向中间垂线作对称折叠。

9. 按照【图 2-19】所示,画出小白兔的眼睛。

10.【图 2-20】提供的是小白兔三种不同眼睛的画法,以及胡须、尾巴的制作图形。

11. 在小白兔嘴巴处吹气成型,见【图 2-21】。

图 2-20

图 2-21 折纸【小白兔】欣赏图

制作实例（三） 折纸【捷克式轻机枪】

　　第一次世界大战结束后，奥匈帝国解体，捷克宣布独立。为了强化本国的军工体系，捷克在欧洲大陆第一军事强国法国的帮助下，由布尔诺国营兵工厂在上世纪 20 年代，研制了一种轻型机关枪，型号为 2B－26，由于该枪制造成本不高，且性能优良，特别是经过第二次世界大战的实战检验，后来成为知名度很高的名枪，同时也成了布尔诺国营兵工厂的经典之作。

　　幼儿园里的男性小朋友出于天性，特别喜欢玩各种玩具枪械，这里介绍一种纸质的仿捷克 2B－26 机关枪的制作方法，见【图 2-22】。

图 2-22 折纸【2B-26 捷克轻机枪】欣赏图

制作流程：

1. 准备五张大小相同的正方形纸，取其中一张按【图 2-23】对折。

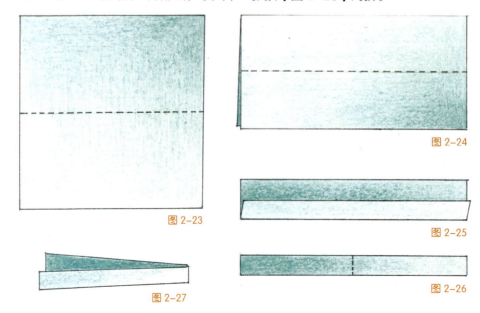

图 2-24

图 2-23

图 2-25

图 2-27

图 2-26

2. 按【图2-24】再对折一次。

3. 按【图2-25】所示，向上折叠三分之一，之后与剩下的三分之一再次对折，最终折叠成一个长条，见【图2-26】。

4. 将纸长条对折，见【图2-27】。

图2-28

图2-29

5. 再取三张纸，按同样的方法再折叠三个长纸条。

6. 按【图2-28】、【图2-29】示意的方法，将四个纸条组合在一起，并用力拉紧。成型后如【图2-30】。

7. 将【图2-30】中三处标有虚线的地方分别向内对折。

8. 再取一张正方形的纸，照"折纸【大象】"【图2-6】的样子，折叠一个长三角形作机枪的枪托，见【图2-31】。为了让枪托更加形象美观，注意图中画有阴影的地方，可以将其剪去。

9. 照【图2-32】用纸卷成枪管。

10. 参照【机枪欣赏图2-22】将各部件组装起来。

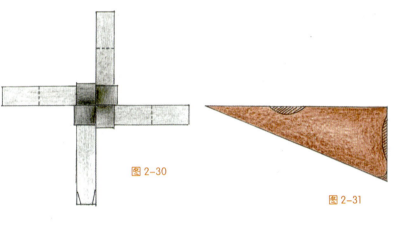

图2-30

图2-31

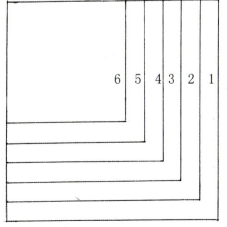

图2-32

制作实例（四） 折纸【宝塔】

宝塔是佛教建筑，源于印度，汉代传入中国。原为高僧的葬身之处，现多为风景名胜区的点睛建筑。

众多风格各异的宝塔反映了我国悠久的文化历史和高超的建筑艺术，著名的宝塔有西安大雁塔、大理三塔等。

宝塔的层数通常都是单数，矮的五层，高的多达十三层。

现介绍一种用折纸法制作的宝塔。

6	5	4	3	2	1

图2-33

制作流程：

1. 因为宝塔是上小下大逐渐变化的建筑,因而需要准备六张大小逐渐递减的正方形的纸。色彩可根据需要自行决定。见【图2-33】、【图2-34】。

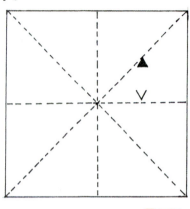

图 2-35

图 2-34 折纸【七层宝塔】效果图

2. 取出六张纸中最大的一张,照【图2-35】虚线所示,折叠出对角"山线"及十字"谷线",之后将纸展平。

3. 按【图2-35】折叠后形成的折痕,将方纸折成一个三角形,见【图2-36】。

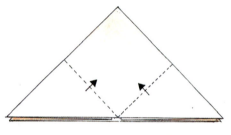

图 2-36

4. 按【图2-36】所标示的虚线位置,将四个角向上折叠。

5. 按【图2-37】所示的样子,将四个三角形向下压成方型。

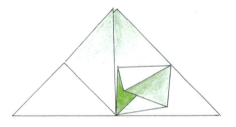

图 2-37

6. 把方块的内下角提起来,分别向右上角、左上角折叠,见【图2-38】。

7. 【图2-39】中有两条竖向的平行虚线,此处要按"山线"折叠。

8. 按【图2-40】标注的箭头,用手向左、向右同时向上拉开。成型后见【图2-41】。

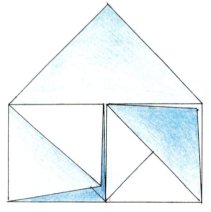

图 2-38

9. 将其余的五张纸采用相同的方法，全部折叠成宝塔的零部件。

10. 将六个宝塔部件画出塔门，并把塔角处剪出弧线结构，以使塔型更加美观。

11. 最后将六层宝塔部件一个一个插接起来，再做一个宝塔顶装上去，见【图2-42】。

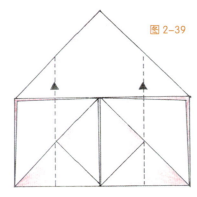
图 2-39

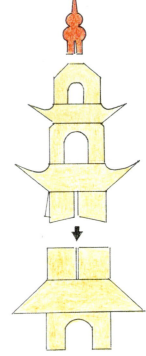
图 2-42

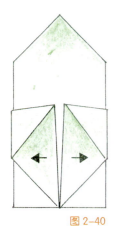
图 2-40

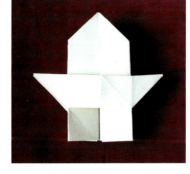
图 2-41

制作实例（五） 折纸【大炮】

战场上的大炮是各种兵器中的重武器，"轰隆、轰隆"的炮声，是幼儿园里男孩子们喜爱模拟的声响。制作兵器模型，可以丰富孩子们的科技知识，提升他们的国防意识，从小就培养孩子们的爱国主义情怀。

这里介绍一款主要用折纸法制作出来的榴弹炮模型。

制作流程：

1. 备五张大小相同的纸，因为大炮都是绿色的，所以，使用绿色纸比较恰当。

2. 取其中一张纸，按照折叠宝塔的方法，折叠至【图2-40】之步骤停下来，照【图2-43】的提示将下部的长方形反折进去，上部

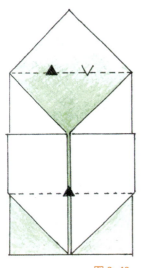
图 2-43

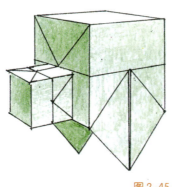
图 2-45

的三角形作正反折，并从下面将其打开，见【图2-44】。

3. 再用一张小方纸折叠一个小的，粘在后下部，见【图2-45】。

4. 折叠炮架：用一张正方形的纸，按照【图2-46】将四角向中间折叠。折叠后的形状见【图2-47】。

5. 将前面折叠的纸反过来，继续向中间再折叠一次。

图 2-44

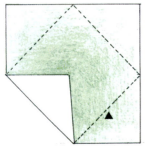

图 2-46

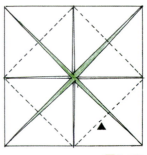

图 2-47

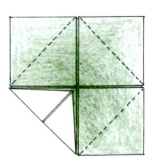

图 2-48

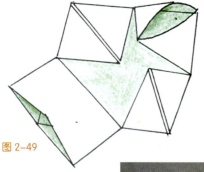

图 2-49

6. 将折纸反过来，再向中间折叠一次，见【图2-48】。

7. 将其中的两个方块打开，成正方形，另两个方块直立起来，见【图2-49】。

8. 将按【图2-44】、【图2-49】折叠出的 两个大炮部件组合起来，见【图2-51】。

图 2-50 折纸【榴弹炮】效果图

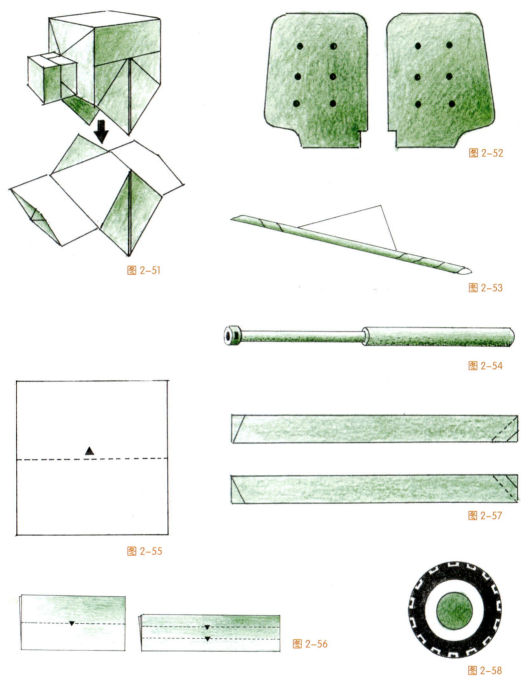

图 2-51

图 2-52

图 2-53

图 2-54

图 2-55

图 2-56

图 2-57

图 2-58

9. 按照【图 2-52】的样子，选用硬卡纸做大炮的防护板。

10. 大炮的炮筒用卷纸的方法做成，见【图 2-53】。

11. 再将大炮筒精加工成【图 2-54】的样子。

12. 做炮架：用剩下的两张纸，取其中的一张对折，见【图 2-55】。

13. 再对折，然后折叠三分之一，再对折一次。剩下的一张纸也这样处理，见【图 2-56】。
最后将折叠好的两个炮架按【图 2-57】所示处理一下。

14. 【图 2-58】是大炮的轮子。

15. 按照【图 2-50】之效果图将大炮组装起来。

制作实例（六） 折纸【战斗机】

　　折纸【战斗机】的特点是利用多张纸分别折叠，并作一些技巧性的处理之后，再将它们组合在一起。虽然折纸在造型上只能直线处理结构，不比泥塑那样灵活，但只要开动脑筋，同样可以获得很好的造型效果。见【图2-59】。

图2-59 折纸【双发战斗机】欣赏图片

制作流程：

1. 取接近真实战斗机色彩的正方形纸5张，例如白色、银白色或浅蓝灰色的纸等。

2. 取其中一张纸，按照折叠大象的步骤，见"折纸大象"【图2-4】，同时见【图2-60】，

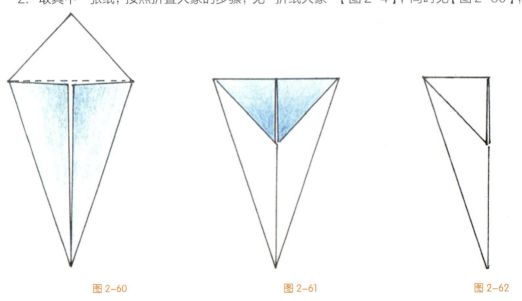

图2-60　　　　　　　　　　　图2-61　　　　　　　　　　　图2-62

此时注意改变折法，不再将上面的三角形向前折叠，而是改为向后折叠，见【图 2-61】，成型后见【图 2-62】。

3. 按照上述折法，将剩余的 4 张纸全部照样折叠。

4. 取折叠好的 5 个三角形之两个，按【图 2-63】标注的虚线，将两个角向内折叠，之后其形见【图 2-64】。

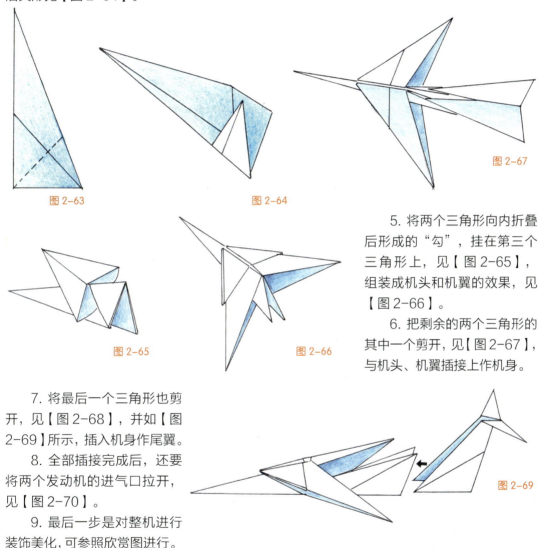

图 2-63

图 2-64

图 2-67

图 2-65

图 2-66

5. 将两个三角形向内折叠后形成的"勾"，挂在第三个三角形上，见【图 2-65】，组装成机头和机翼的效果，见【图 2-66】。

6. 把剩余的两个三角形的其中一个剪开，见【图 2-67】，与机头、机翼插接上作机身。

7. 将最后一个三角形也剪开，见【图 2-68】，并如【图 2-69】所示，插入机身作尾翼。

8. 全部插接完成后，还要将两个发动机的进气口拉开，见【图 2-70】。

9. 最后一步是对整机进行装饰美化，可参照欣赏图进行。

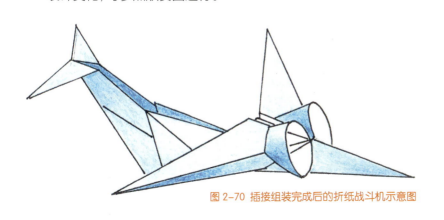

图 2-69

图 2-70 插接组装完成后的折纸战斗机示意图

图 2-68

制作实例（七） 折纸【乌篷船】

江南水系发达，但许多地方河道狭窄，不便大船通行。乌篷船则因其体量小、转弯灵活、行驶便利而成为江南水系中颇具特色的短途交通工具。

制作流程：

1. 取长方形纸一张，如【图2-71】。这张长方形的纸张将用来折叠乌篷船的船体，如果打算还要将这只乌篷船放在水里，此纸就要选用油性纸。

2. 按照【图2-71】先做横向对折处理，之后，再按照【图2-72】所示，把各自的一面向上折叠三分之一。

3. 再把折叠过的三分之一与剩余的三分之一对折，折叠后的形状见【图2-73】。

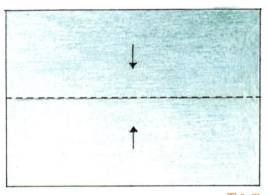

图 2-71

图 2-73

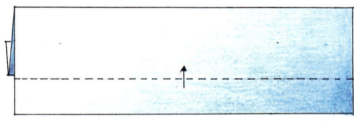

图 2-72

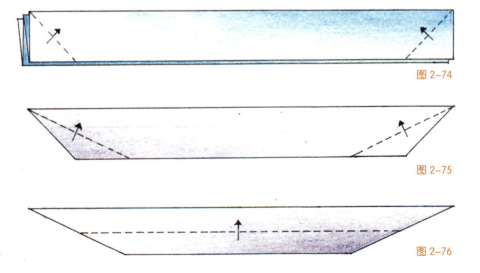

图 2-74

图 2-75

图 2-76

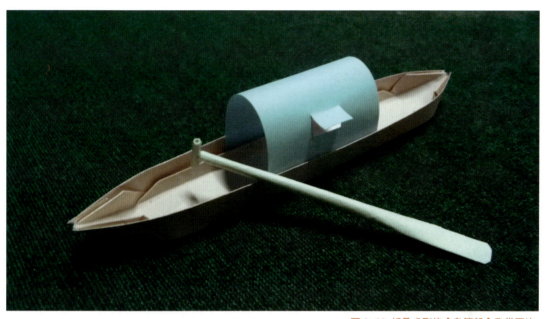

图 2-80 折叠成型的【乌篷船】欣赏图片

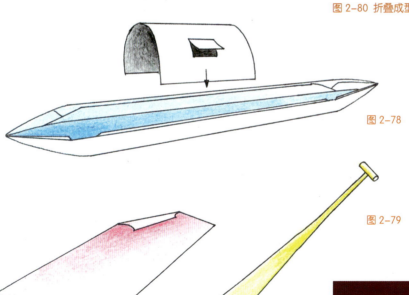

图 2-78

图 2-79

4. 按照【图 2-74】、【图 2-75】的提示，将四个角分两次向上面的水平线折叠。

5. 把船底向上折叠，见【图 2-76】，并照【图 2-77】的样子用手指把船底顶翻上去。

6. 装上船篷，见【图 2-78】。

7. 最后用卷纸法做出划船的船桨，见【图 2-79】。

图 2-77

制作实例（八） 折纸【双桅帆船】

帆船是利用自然界风力作动力行进的船只，源于欧洲，公元 13 世纪，西班牙人设计建造了一艘名为"CARAVEI"的轻型船只，这便是帆船的雏形，初始时期只是居住在河海区域的人们用作水上的交通工具。

帆船是人类向大自然作斗争的一个见证，帆船同人类的文明史一样悠久。

【双桅帆船】的制作是前例【乌篷船】的延伸与扩展，故船体的折叠与"乌篷船"船体的折叠相同，不同处是舱面房屋需用卡纸制作。

制作流程：

1. 按照"乌篷船"的折叠方法折叠出"双桅帆船"的船体。

2. 按照【图2-82】给出的平面图，选用合适的卡纸，将书中提供的"双桅帆船"舱面房屋平面设计图，参照所折叠的船体的尺寸，适当放大后制作成型，见【图2-83】。

3. 桅杆用细竹条削制，下端粗点，上端稍细点。

4. 船帆用白纸画上线，或用折叠法取代画线，见【图2-84】。

图 2-84

图 2-81 折纸【双桅帆船】效果图

图 2-82

图 2-83

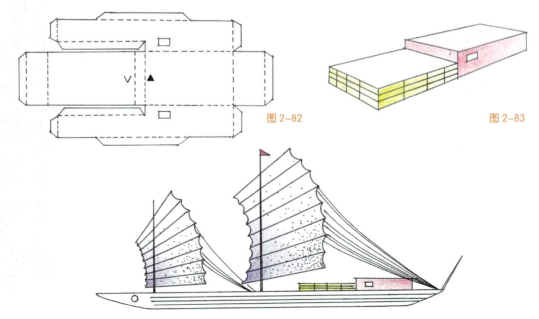

图 2-85【双桅帆船】全侧面图

制作实例（九）【纸编画】

纸编画是一种带有编织性质的工艺画，其基本原理是利用纵横交错的彩色纸条，通过上下穿插，让其产生类似于电脑屏幕上"像素点"的功能，并且利用这些"像素点"的色相差别，拼合成画面。

制作纸编画的纸张最好选用蜡光纸、电化铝纸等。

制作流程：

1. 制作纸编画的第一步是设计画面，而设计画面最好在坐标纸上进行，例如【图2-87】，将浙江嘉兴"南湖船"的风光，用"像素点组图"的方法，先在坐标纸上画出来。

图2-86 纸编画【熊猫】

图2-87 【南湖风光】

图2-88 纸编画 【树林边的村舍】

第二章 纸品类设计与造型

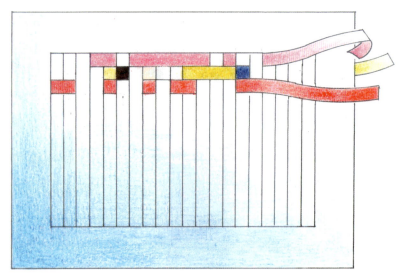

图 2-89

2. 选一张合适的彩纸作底色纸，根据设计图上横向像素点的数量，在底色纸上用美工刀刻划出经线。

3. 根据设计图选用对应的彩纸条，在经线上作上下穿插，即画面需要的像素点在上，不需要的隐藏在下，见图【2-89】。

4. 如在同一条纬线上需要两种或两种以上色彩的像素点，可以采用加贴纸条的方法解决。

5. 一幅纸编画的清晰度取决于像素点的密度，所以，在设计纸编画的图纸时，应根据对画面效果的需求，合理确定像素点的数量。

图 2-90 纸编画【米老鼠和唐老鸭】欣赏图

制作实例（十） 民间艺术【剪纸】

剪纸是民间艺术。所谓民间艺术，从我国的历史上看，它是相对于宫廷艺术和文人士大夫之美术而言的。民间艺术的创作者往往都是一些极其普通的劳动者，他们的创作灵感直接来源于生活，且不苟所谓宫廷艺术的章法，自由自在地用各种艺术形式表达自己心目中的理想和愿望。

据考证，剪纸可能源于北朝，【图2-91】是在新疆吐鲁番火焰山附近出土的北朝团花剪纸，距今已有1500余年的历史。艺术是不断进化的，剪纸艺术发展到今天，已经自成体系，成为工艺美术的一部分。

剪纸艺术因为受到"剪"的限制，所以其表现形式只能通过镂空而形成的黑白对比和造型间的连接来表现形象，因此，层次感不强，但这并不影响人们对这种艺术形式的喜爱。

图 2-91

图 2-92 【衬有龙凤的喜庆剪纸】

在幼儿园进行剪纸艺术活动，激发的是小朋友们的艺术灵感，也是对祖国传统文化的有效传承。并且这样的活动安全系数高，制作成本低廉，成功率高，很容易让小朋友们产生成就感。【图2-93】、【图2-94】就是不使用任何工具，用手撕出来的剪纸。

图 2-93 【手撕蝴蝶】

图 2-94 【手撕团花】

第二章 纸品类设计与造型

手撕剪纸简单，易操作，安全性好，特别适合幼儿园小朋友制作。【图2-95】为手撕剪纸参考设计图。

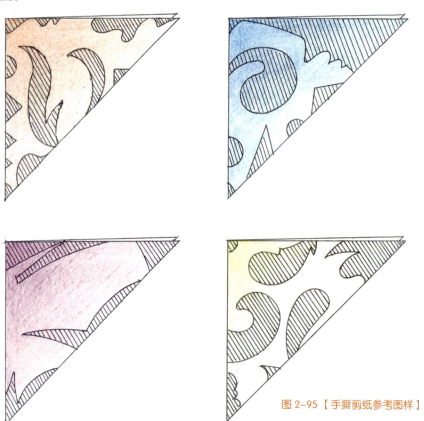

图2-95【手撕剪纸参考图样】

普通的剪纸对纸张没有严格的要求，几乎任何纸张都可以用来制作剪纸，但对剪纸的托裱纸张则有着一定的质量要求。

制作流程：

1. 取一张正方形的色纸，经过三次或四次折叠，成【图2-97】的样子。

图2-97

图2-96【单色剪纸】

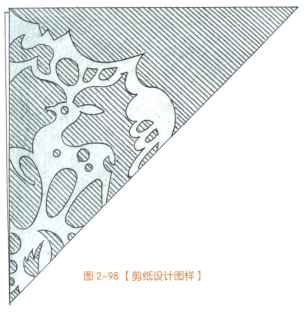

图 2-98 【剪纸设计图样】

2. 剪纸的图样可以自行设计，也可以选用现成的图样。

自行设计图样要注意剪纸造型的疏密关系，并注意结构间需要连贯起来，不能断开，见【图 2-98】。

3. 能用剪刀用剪刀，不能用剪刀剪的地方就用美工刀刻，剪刻时务必要注意安全。

4. 将剪刻好的图样装裱在有对比效果的纸张上。

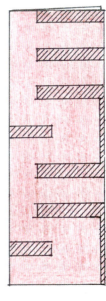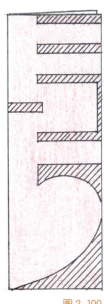

图 2-100

图 2-99

5. 剪纸参考图样：

① 【红双喜】

将一张红纸对折，再对折，见【图 2-99】，之后按照【图 2-100】剪刻即成。

② 【二方连续剪纸图样】

见【图 2-101】、【图 2-102】。

图 2-101

图 2-102

图 2-103

图 2-104

图 2-105

图 2-106

图 2-107

③【衬色剪纸】

见【图 2-103】、【图 2-106】、【图 2-107】。

④【染色剪纸】

见【图 2-104】、【图 2-105】。

二、硬纸工

硬纸与软纸相反，所谓硬纸当然是比较软纸而言的，但硬纸硬到什么程度才能称其为硬纸，则实在是没有一个统一的、准确的标准。因为当今市场繁荣，各种纸张琳琅满目，软纸与硬纸都是相对的，而在实际使用时，纸张面积的大小，纸张的质地、质量，也直接影响着纸张的软硬度，因此，我们对纸张软硬度的感觉也是相对的。

幼儿园里做手工使用的硬纸，通常指的是各种厚度不同的彩色卡纸，其硬度最好能以作品的实际制作需求为准则，比如作品体量的大小，作品整体构成及局部结构对卡纸强度的不同需求等等。另外，还要充分考虑幼儿园小朋友们的动手操作能力，纸张过厚、过硬，都会使幼儿在制作手工作品时产生一定的困难，安全系数也得不到保证。

总之，各种厚薄不一，强度不同的硬卡纸各有各的用处，在实际设计与制作活动中，只要用起来感觉适当就是最好的选择。

硬纸工的加工手段通常采用剪、刻、镂空、粘合、用刀划线折、卷、重叠加厚、开槽扣接等方法成型。

制作实例（十一） 简易插接件模型 【 喷气式战斗机 】

本模型采用硬卡纸制作，卡纸的厚度视飞机模型的大小而定，小的用名片就可以制作，大一些的可选用厚纸板，甚至大型家电的包装箱也是很好的制作材料。

因为是简易模型，整体制作效果是立体的，但局部并不立体，例如飞机的机身只是平面的，只有型，而无体积效果，之所以如此设计，是充分考虑到幼儿园小朋友的实际动手能力，而有意简化了模型的制作难度。

制作流程：

1. 按照【图2-108】之比例，在卡纸上准确复制出战斗机的机身、前机翼、后机翼。

2. 在需要插接的地方开口，注意开口的宽度要与卡纸的厚度相吻合，以防各部件插接后发生松动现象，见【图2-109】。

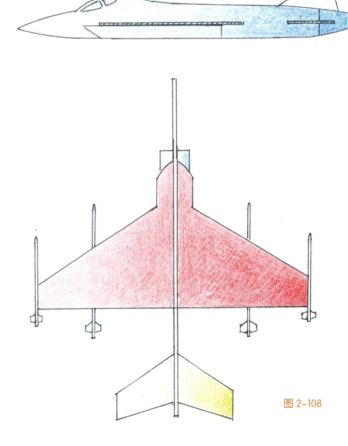

图 2-108

3. 机身两侧的发动机进气管道，可以根据模型机的大小，选用合适的纸张，用卷纸筒的方法卷制而成，并且将纸筒的前部用美工刀切削成斜口，用胶粘在机身中部两侧，与前机翼连在一起，使整个飞机的整体结构更加牢固，见【图2-110】。

4. 导弹是平面的，但导弹的尾翼可以用插接法做成立体的，见【图2-111】。

5. 最后利用绘画的方法对战斗机进行整体装饰美化，见【图2-112】。

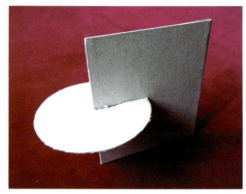

图 2-109

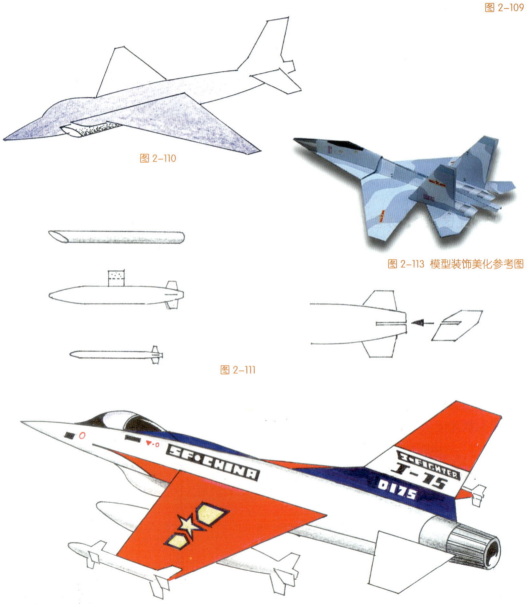

图 2-110

图 2-113 模型装饰美化参考图

图 2-111

图 2-112 制作完成并装饰美化后的【战斗机模型】

制作实例（十二）【简易汽车模型】

　　幼儿园里的活动丰富多彩，"小小汽车博览会"便是其中一项非常有意义的活动，这样的活动，不仅可以提高小朋友们的动手能力，而且能让小朋友们领悟到一些简单的科学技术知识。

　　举办汽车模型博览会需要很多汽车，这里仅介绍三种简易汽车模型的制作方法，供小朋友们练习制作。

（一）【小型旅行车模型】
制作流程：

1. 取一张卡纸，按照【图

图2-114【小型旅行车模型】

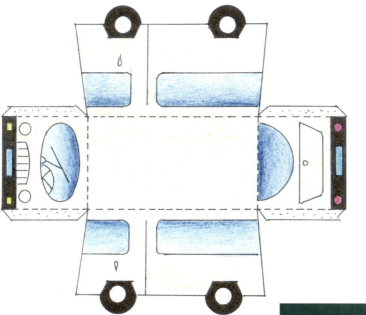

图2-115

2-115】的样子画出小型旅行车的五面制作图。

　　2. 画好后剪下来，将粘贴面粘贴上就成了。

　　之所以说这是简易汽车模型，皆因这样的模型只有五个平面，各面均没有凹凸起伏，反过来看，只相当于制作了一个空纸盒，见【图2-116】。

图2-116

（二）【轿车模型】

轿车模型比较小旅行车模型稍微增加了一点难度，小旅行车模型仅有五个面组成，而小轿车模型由八个面组成，因为增加了多个转折结构，所以小轿车模型的凹凸立体感明显增强，可欣赏性自然也得到了提升，见【图2-117】。

制作流程：

1. 按【图2-118】在卡纸上画出小轿车模型的制作平面图，注意不要忽略小轿车细节的表现，至于色彩则自由选择。

2. 剪下后粘贴即成。

图2-117【简易小轿车模型】效果图

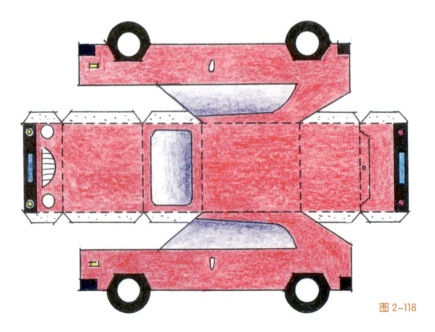

图2-118

（三）【老爷车模型】

老爷车是人们怀旧的产物，它的另外一个名字叫古典车。这些车产生的年代久远，通常系指二战时期或更早的时侯制造出来的小汽车，其中的一些车辆由于保养的好，现在仍然可以使用。

用卡纸也可以制作老爷车模型。

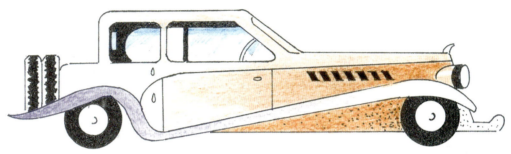

图 2-119【老爷车侧面图】

图 2-120【老爷车正面图】

制作流程：

1. 取卡纸照【图2-121】放大制作展开图，因老爷车转折面较多，放大图样时注意保持尺寸之精度。

2. 车窗及车前面的进风口可以用美工刀镂空，也可以用绘画的方式将车窗玻璃的效果表现出来。

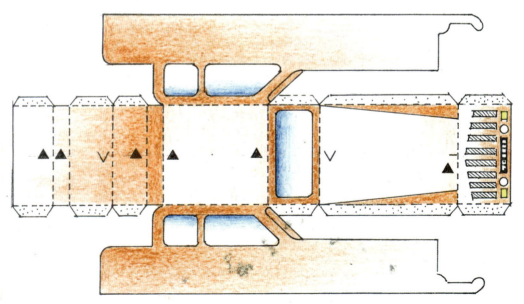

图 2-121【老爷车制作展开图】

3. 这辆老爷车有两个很有特色的大部件，分别安装在老爷车的左右两侧，这个部件即是从车头贯穿至车尾的长长的车轮挡泥板。挡泥板用卡纸制作，【图2-122】是制作图，【图2-123】是制作完成以后的样子。

4. 老爷车的车灯很大，而且是安装在发动机罩前部的两侧，很抢眼。制作这个部件可以用卷纸法。卷成以后的样子，见【图2-124】。

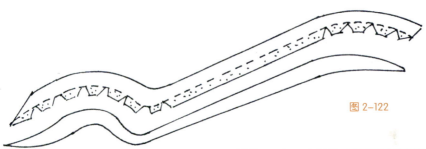

图 2-122

图 2-124【车灯】

图 2-123 老爷车挡泥板制成图

图 2-125【老爷车模型】制作成品图

制作实例（十三） 立体构成【鸡】

　　鸡与人们的生活紧密相连，其秉性好动、形象可爱。用立体构成的方法制作观赏鸡，一定是小朋友们喜爱的手工制作。

制作流程：

　　1. 取长方形的彩纸一张，色彩可选用白色、橙色、褐色、黄色、黑色，不要选用绿色、蓝色等。按照【图2-127】所示，对折，之后，按照【图2-128】给出的制作图，用铅笔轻轻地画上线。

图 2-126 立体构成
【可爱的鸡】欣赏图片

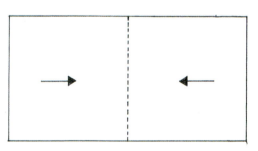

图 2-127

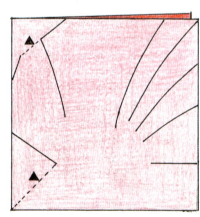

图 2-128

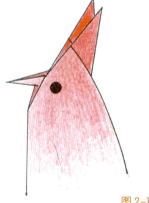

图 2-129

　　2. 【图2-128】中的实线为剪开线，虚线为折叠线。

　　3. 注意【图2-128】中左上角的折叠线，虚线处按山线折叠，实线处由山线改折成谷线。

　　4. 按制作流程"3"的方法折叠后，就产生了鸡头、鸡冠、和鸡的嘴巴，见【图2-129】。

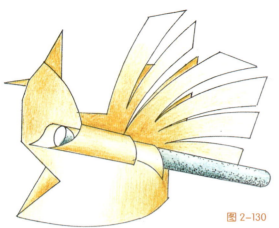

图 2-130

5.【图2-128】左下方的虚线需作正反折,之后将左面的山线改谷线折。

6. 将鸡的右下方成圆形对折粘贴在一起,见【图2-130】。

7. 用小圆杆(笔杆就行)将鸡翅膀卷一下。

8. 把鸡眼画上去,见【图2-128】,立体构成的鸡就做成了。见前页欣赏图片【图2-126】。

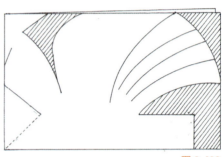

图 2-132

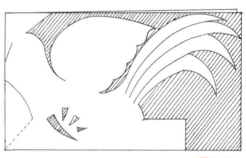

图 2-133

图 2-131

9. 鸡眼、鸡冠、鸡嘴巴下面的肉锤也可以用卡纸另外制作粘贴上去,效果会更好,见【图2-131】。

10.【图2-132】、【图2-133】是【图2-128】的改型设计,图中阴影部分需要剪刻掉。

图 2-134【可爱的鸡】欣赏图片

制作实例（十四） 立体构成 【亭亭玉立的仙鹤】

制作流程：

1. 取竖长方形的白色卡纸一张，见【图2-136】，因卡纸的强度有限，为方便仙鹤站立，卡纸不宜过大。之后，如图示按中线对折。

2. 对折后用铅笔仔细画出仙鹤的制作结构图，【见图2-137】，图中标注的阴影部分按线剪除掉。

3. 按【图2-137】中标注的"山线"、"谷线"的位置进行折叠，特别要注意此图左上方图外的标记符号，意为仙鹤的长嘴巴部分，应由当前的山线折转换成谷线折。

4. 最后一步是对仙鹤进行装饰美化。仙鹤的主色调是黑白色，故只需在仙鹤的头部、颈部、翅膀处按【图2-138】画出装饰效果，并在头部点缀红色即可。

图 2-135

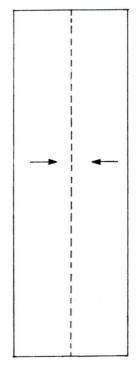

图 2-136

图 2-137

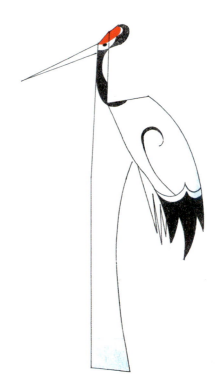

图 2-138

制作实例（十五） 立体构成 【卡纸仿制的布老虎】

　　布老虎在我国的知名度很高，从古至今，是中国民间广为流传的一种玩具。其造型夸张生动，色彩鲜明艳丽，结构巧妙，制作精细合理，深受人们的喜爱。

　　在中国人的心底里布老虎具有驱邪避灾，带给人们平安吉祥的功能。以往每年农历五月初五端午节期间，民间百姓为了图个吉祥，要给孩子们穿布老虎鞋、戴虎头帽，寓意孩子们像老虎一样强壮、健康、勇敢。如今，布老虎在更多的意义上凸显的是民间工艺品的特性，这便使之逐步演变成了装饰品、欣赏物。

　　制作布老虎的材料通常要使用布料、毛线、彩线、填充物等，再辅以刺绣、彩绘、缝合等工艺制作而成，一般人，特别是小朋友不易仿制。而本制作的材料选用卡纸，辅以绘画手法，大致可以将布老虎的造型、神态仿制出来，见【图2-139】。

制作流程：

　　1. 按照本页左下方提供的制作【卡纸仿制的布老虎】的下料图，如图复制，可以适当放大，但不易放得过大。

　　2.【图2-140】是制作老虎身体的展开图。

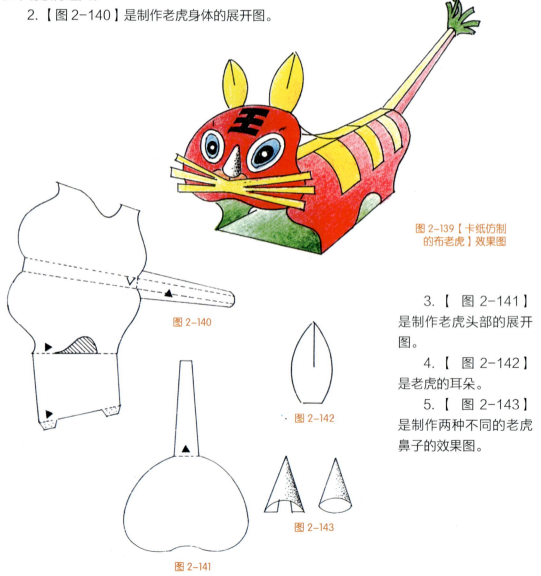

图2-139【卡纸仿制的布老虎】效果图

图2-140

图2-142

图2-143

图2-141

　　3.【图2-141】是制作老虎头部的展开图。

　　4.【图2-142】是老虎的耳朵。

　　5.【图2-143】是制作两种不同的老虎鼻子的效果图。

图 2-144【布老虎】制作参考图

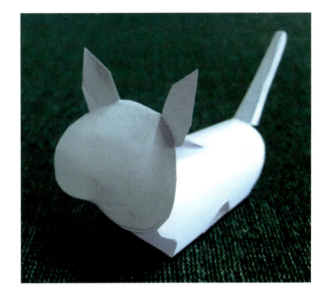

图 2-145

图 2-146

6.【图 2-145】是用卡纸制作出来的【纸质仿制布老虎】的雏形。

7.【图 2-146】是依据【图 2-147】"布老虎"的造型以及色彩绘制出来的,【纸质仿制布老虎】效果图。

图 2-147

制作实例（十六） 立体构成【大马】

　　立体构成可以做得很复杂，见【图2-148】，也可以做得很简单，见【图2-149】。复杂的立体构成让人联想到画面的空间立体效果，感觉奇特有趣；而简单的立体构成让人一目了然，似乎很难想像出什么？但是看过【图2-150】，仔细想一想，就会发现【图2-150】与【图2-149】之间的联系。

　　现在，用【图2-148】简易立体构成的方法制作一头马。

图 2-148 立体构成欣赏图片

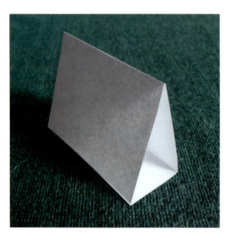

图 2-149

制作流程：

　　1. 取一块合适大小的卡纸，最好是与马的颜色相似的彩色卡纸，之后按照【图2-151】的制作图做好准备。

图 2-150 简易立体构成【大马】

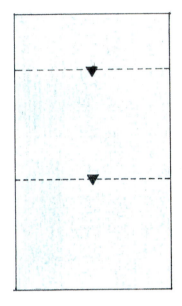

图 2-151

2. 按照【图 2-152】画出马的身体的立体构成制作图，通过剪刻后制作好马的身体部分。

3.【图 2-153】是马脖子的制作图，【图 2-154】是马脖子与马的身体连接起来的示意图。

4.【图 2-155】是马头，【图 2-156】是马尾，组装起来即可。

图 2-152

图 2-154

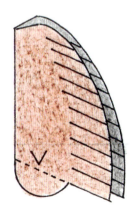

图 2-153

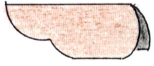

图 2-155

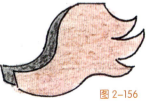

图 2-156

制作实例（十七） 立体构成【毛驴】

制作小毛驴与制作大马的方法相类似，如果想寻求变化，其一，可以改变小毛驴的身体造型及结构制作方法；其二，可以改变毛驴的动态，例如，头部的前后转动，头部的上扬及下俯等等。

图 2-157 卡纸【毛驴】制成示意图

制作流程：

1. 制作小毛驴得先从制作它的身体入手。其身体的造型可依照【图 2-157】，也可以用更简单的方法进行制作，如【图 2-158】。

2. 一定要选用黑色卡纸制作小毛驴，不要制作完成后再用涂色的方法处理色彩，那样极其容易使作品变形，而且作品显得拖泥带水，没有干净利落的感觉。另外，还要注意卡纸的厚度，如果欲制作的毛驴比较大，而卡纸较薄，强度就会有问题，毛驴的头可能会抬不起来。

3.【图 2-159】是毛驴头，为方便组合，驴头用双层对折的方法制作。

图 2-158

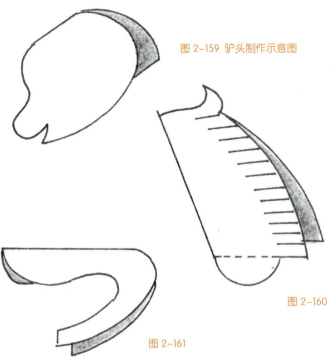

图2-159 驴头制作示意图

图2-160

图2-161

4.【图2-160】是小毛驴的颈部，也是采用双层卡纸对折制作，颈部的驴鬃用剪刀如图剪开，模拟一下即可。

5.【图2-161】是驴尾巴。制作时用双层还是单层卡纸无关紧要。

6.【图2-162】是卡纸小毛驴制作成品图。注意图片中小毛驴的动态已经发生了变化。

7. 最后需要提醒的是：在制作小毛驴的身体时，"山字形"的下部结构不能处理得太宽，否则毛驴体型下坠，造型缺失了美感。

图2-162 硬纸工【小毛驴】欣赏图片

第二章 纸品类设计与造型

制作实例（十八） 简易立体构成【牛、猪、狮子】

用简易立体构成的方法制作小动物，如果作品体量不是很大，动物身体部分还可以进一步简化，即将"山字形"身体的下部平面省略，如【图2-163】。用这样的方法，同样可以制作出多种小动物造型。

图 2-163

简易立体造型【老牛】的制作就采用了这种方法。

制作流程：

1. 因为结构进一步简化了，注意选用的卡纸质量要好一些，要保证卡纸的强度。

2. 卡纸的长宽比例视欲制作的动物的体型而定，比如狼、狐狸、老虎等，卡纸就要长一点，而猪、兔子等，长与宽的比例就要接近一点，以使造型接近真实形体。

3. 在卡纸上画出老牛身体的轮廓线，并剪刻下来，见【图2-164】。

4. 在另一小块卡纸上画出老牛的头，画牛头时一定要注意把握好牛头与牛的身体之间的比例关系。

5. 用绘画的方法对老牛进行美化，见【图2-165】。

6. 利用类似的制作方法，还可以设计制作出更多的简易立体构成卡通小动物，见【图2-166】、【图2-167】。

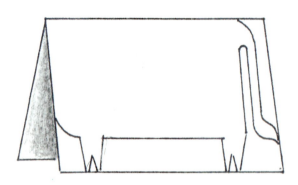

图 2-164

图 2-165

图 2-166 简易立体构成动物欣赏图片

图 2-167 简易立体构成动物欣赏图片

制作实例（十九）【幼儿园头饰】

　　头饰在幼儿园里既是玩具，也是教具。小朋友们自己画画、做做，戴在头上，那是把头饰当成了玩具。而小朋友们如若戴上自己或老师精心设计制作的头饰，并且在老师的组织下，以头上所戴头饰的形象进入角色，表演有趣的故事情节，则这种头饰就是教具了。

　　简单的头饰可以做成平面的，稍微复杂些的可以做成半立体的，而全立体的头饰在设计与制作上就要多动些脑筋了。

（一）较简单的平面动物头饰

制作流程：

1. 在卡纸上画出一个大小合适的平面动物形象，并沿着形象的外围剪下来。
2. 用 3 至 4 厘米间宽度的卡纸，做一个适合戴在小朋友头上的卡纸圈。
3. 将剪好的小动物画片粘在卡纸圈上就成功了。

【平面小动物头饰】参考资料

图 2-168【小猪】　　　　图 2-169【小白兔】　　　　图 2-170【熊猫】

图 2-171【老虎】

图 2-172【老牛】

图 2-173【猴子】

图 2-174【狮子】　　　　图 2-175【狗熊】　　　　图 2-176【狼】

（二）半立体动物头饰

半立体头饰是指选用全侧面的小动物形象，并且是正反两个图形，将小动物前面的嘴巴部分粘在一起，而将后面打开，形成一个三角形粘在卡纸圈上，见【示意图 2-177】。因为小动物形象本身是平面的，没有立体感。而将正反两个小动物图片联合起来使用，则整体效果有了适度的立体感觉，所以，可以将这种头饰称作半立体头饰。

制作流程：

1. 选择合适的小动物全侧面图像，参照【图2-178】至【图2-183】用描图拷贝的方法获取正反两个图像，之后将其画在卡纸上，涂上颜色，再剪下来。

2. 将两张卡片上小动物的嘴巴部分粘上很少的一小部分，之后将后面打开粘在纸圈上就OK 了。

（三）全立体动物头饰

全立体动物头饰是利用立体构成的方法，通过对小动物头部形体的分解，例如将眼睛、耳朵、嘴巴、胡须等分开，一部分一部分地单独制作，并且在设计制作的过程中，尽量利用

图 2-177 半立体头饰制作效果示意图

【全侧面小动物造型】参考图例

图 2-178【小猪】

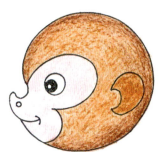

图 2-179【小猴】

图 2-180【小鹿】

图 2-181【小猫】

图 2-182【熊猫】

图 2-183【小兔子】

第二章 纸品类设计与造型

卡纸可以折、卷、拉、正反折、扭曲等一系列特性，灵活地使用各种有效的加工手法，使小动物的头部各部件形体合成后，能够产生较好的立体效果，见【图2-184】。当然，这种全立体的动物头饰虽然效果比较好，但在设计制作上有一定的难度，因此，比较适合在校学前教育专业的大学生及幼儿园教师设计与制作。

制作流程：

1. 根据头型的大小，参照【图2-185】、【图2-186】、【图2-187】用硬卡纸画图并剪裁下料。

2. 根据【图2-188】提供的形状，将剪裁好的三个头饰部件组合起来，做成立体动物头饰骨架的基本型。

3. 参照【图2-189】老虎的造型，在卡纸上将其制作出来。

4. 老虎的两只耳朵可以参照【图2-190】进行制作，并粘在老虎的头上。

图 2-184【全立体老虎头饰】制作者：骆丽霏

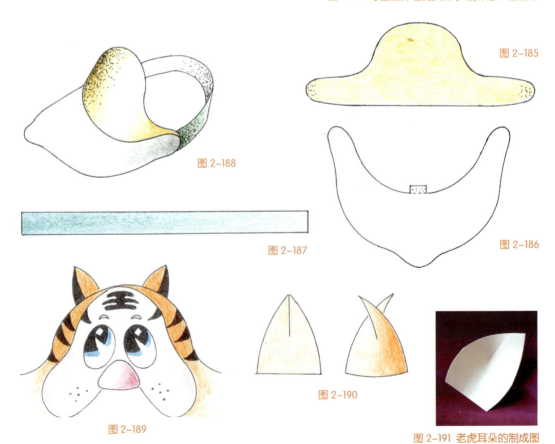

图 2-188

图 2-185

图 2-187

图 2-186

图 2-189

图 2-190

图 2-191 老虎耳朵的制成图

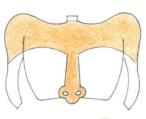

图 2-192

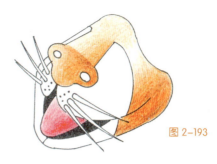

图 2-193

图 2-194

图 2-196 小熊头饰参考图

图 2-195 老狼头饰参考图

5. 按照【图 2-192】画出老虎鼻子的制作图，注意是两种颜色，橙色和白色，白色可以用水粉色涂出来，也可以用白纸剪好图样贴上去。

6. 剪下鼻子的制作图，按照【图 2-193】的样子，通过折、拉做出老虎立体的鼻子。

7.【图 2-194】是老虎的舌头。

8. 按照【图 2-184】将老虎的脸、鼻子、舌头组装起来。

9. 小熊、狼等头饰也可以参照此法制作，注意色彩变化即可。

图 2-197 立体头饰【大灰狼】 制作者：许南南

10. 头套若能画上图案则整个头饰会更加美丽，【图 2-198】为头套装饰美化参考图例。

图 2-198

制作实例（二十） 教具【折合式立体画】

在幼儿园"语言类"课程中，常常需要老师或小朋友绘声绘色地给大家讲故事，倘若老师或小朋友一边讲故事，一边能拿出与所讲故事情节相对应的画面给小朋友们看，那对小朋友们来说，一定是一件又快乐又有趣的事儿。

这里介绍一款可折合便携式立体画教具，见【图2-199】。

制作流程：

1. 取较硬的卡纸先做出折合卡，大小根据所需教具的大小而定。

2. 根据故事情节设计出相对应的画面，特别要注意：准备安放在画面前部的形象一定要矮小一点，中景和远景可以高一点，大一点。

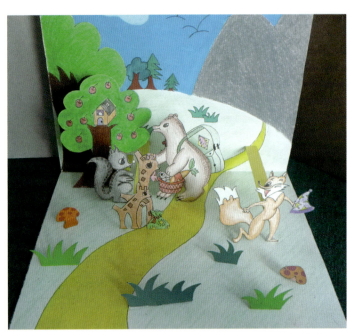

图 2-199 折合式立体教具

图 2-200

3. 每一个准备安装在画面中的造型都要在下部留出一小块粘贴面，以便与"地面"粘贴，形成"推到"、"拉起"的条件，详见【图2-200】。

4. 参照【图2-201】的方法，把平面当"地面"，而把折合卡的立面当远景或"天空"，并根据需要绘画出来。

图 2-201

5. 在每一个造型的背后，用一个推拉杆将画面中安装在"地面"上的造型与折合卡的立面连接在一起，见【图2-202】。

6. 造型较高的部件安装在画面的后部，而较矮的安装在前部，参见【图2-203】、【图2-204】。

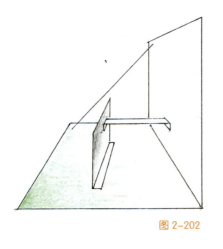

图 2-202

图 2-203

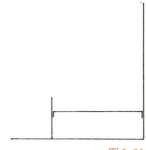

图 2-204

7. 如需要，一些造型也可以用相互连接的方法组合成联动结构，见【图2-205】。

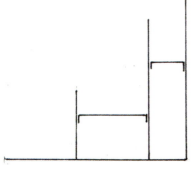

图 2-205

8. 作品完成后，还可以参照【图2-206】，给折合式教具画上一幅画作为封面。

图 2-206

图 2-207【折合式立体画教具】
设计制作参考图片制作者：李姗

第二章 纸品类设计与造型

制作实例（二十一） 插接式【宫灯】

宫灯造型古朴、雅致，是中国特有的手工艺品，它以设计制作工艺复杂，做工精良而闻名于世。

相传早在南朝梁武帝时期，我国民间就已经有了正月十五挂灯、赏灯的习俗，后来，这种习俗逐渐从民间传到宫中，在唐代，宫灯逐步形成，而到了明清，宫灯的设计制作工艺更是发展到了极致，成为皇家的专用品。

下面介绍一款利用硬卡纸制作的插接式宫灯，供幼儿园小朋友们欣赏，或用来美化幼儿园环境，见【图2-208】。

制作流程：

1. 取硬卡纸制作宫灯的主体结构，卡纸的厚薄可根据欲制作宫灯的大小而定，必要时也可以选用大型家电的外包装板作为制作宫灯主体结构的材料。

2. 将【图2-209】、【图2-210】、【图2-211】按比例放大，注意比例一定不能出问题，否则整体插接时就会出现麻烦。之后把图中双线处刻出插接口。

图 2-208 插接式【宫灯】欣赏图片

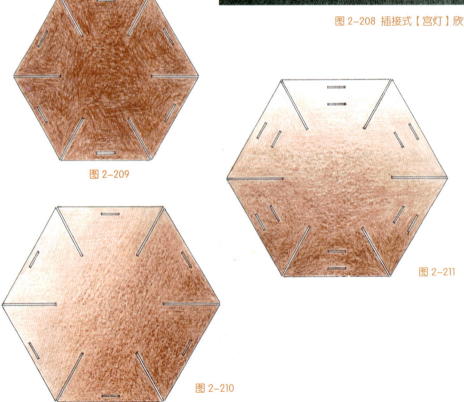

图 2-209

图 2-210

图 2-211

3. 将【图2-212】按照比例放大，之后，照图一共需要同样加工6片立面板。图中一些地方需要进行雕刻，加工时要尽量仔细，只有把握好细节质量，整体效果才能美观。

4. 待6片立面板和3片平面板制作完成后，就可以进行初步的组装了。

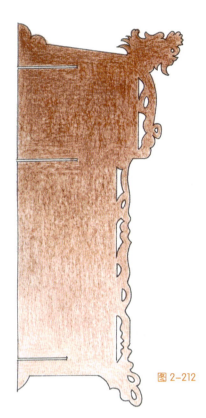

图2-212

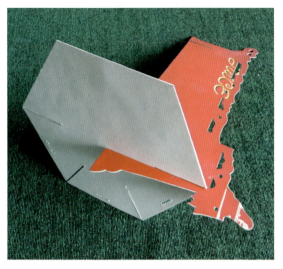

图2-213

5. 第一步插接组装见【图2-213】。

6. 第二步插接组装是把另两片平面插接片与第一片立面插接片插接起来，见【图2-214】。

7. 第三步，继续安装立面插片，见【图2-215】。

8. 六片立面插接片全部插接完成后的样子见【图2-216】。

图2-214

图2-216

图2-215

9. 在制作完成的宫灯主体构架中量取制作宫灯上下灯罩蒙面的尺寸，灯罩蒙面的图样见【图2-217】、【图2-218】。

10. 装上上下蒙面后的宫灯见【图2-219】。

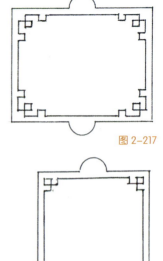

图 2-217

图 2-219

图 2-220

图 2-218

图 2-221 宫灯上部灯罩蒙面书法、绘画参考图

为了让宫灯更具观赏价值，很多做工精湛的宫灯还要在上下灯罩蒙面上做足文章，例如：在上下蒙面上篆写中国的书法或画上中国的水墨画，经过这样装饰处理后的宫灯，整体更有品位和韵味，更加凸显出厚重的中国文化底蕴。

插接式宫灯也可以篆写书法和画上中国画，【图2-220】、【图2-221】、【图2-222】和【图2-223】为参考资料。最后再给宫灯装饰上彩穗，宫灯就更加完美了，见【图2-208】欣赏图片。

图 2-222 宫灯下部灯罩蒙面绘画参考图【墨竹】

图 2-223 宫灯下部灯罩蒙面绘画参考图【仕女图】

第三章

橡皮泥设计与造型

　　橡皮泥类似陶瓷坯土，主料为面粉，含甘油、液体石蜡等配料，由加入水分及彩色颜料调制而成。

　　幼儿园小朋友使用的橡皮泥柔韧性好，可塑性强，不易干燥，有的橡皮泥还会散发出芬香的味道。橡皮泥作为具有体积感的制作材料，是幼儿园小朋友们在学习雕塑艺术初级阶段的较好选择。

一、橡皮泥造型基础技能训练

指导幼儿园里的小朋友进行橡皮泥制作活动，目标设计不要太高，由于孩子们年龄实在太小，对造型，对色彩尚无理性的认识，特别是中班、小班的小朋友，他们的动手能力十分有限，无论他们用橡皮泥捏、搓出了什么形状的泥块，对孩子们而言："成型"即成功！教师都应该予以鼓励，并且耐心地去倾听他们的"创意"，帮助他们解读出自己的作品，感受成功的喜悦。

图 3-1

图 3-2【老北京冰糖葫芦】

初始阶段，对小朋友们进行简单的基础技能训练是必要的，训练可以分成两个阶段，或两个层次进行：第一阶段，指导小朋友们捏、搓出的橡皮泥形状，可以参照【图 3-1】之提示进行，图片里有圆球、圆饼、圆柱体、泥条等，而教师要想方设法鼓励小朋友们反复进行练习，直到大家能够比较熟练地捏、搓出这些形状。

后续的橡皮泥创作活动，其实就是第一阶段练习成果的延伸，例如【图 3-2】里的"冰糖葫芦"，就源于橡皮泥的球体练习，而"冰糖葫芦"唯一的捏制难点在于，能否有效地让小朋友们控制好球体大小之顺序递减。

对小朋友第二阶段的训练可以适当地提高一点难度，例如，将橡皮泥捏制成方块、四面锥体、圆锥体、半球体等等，见【图3-3】。

捏制这些形状，比较第一阶段所进行的捏制橡皮泥之练习内容，难点在于增加了橡皮泥形体的平面制作，例如将球形改捏成半球形，看上去貌似十分简单的形变，实际上做起来却需要小朋友们有足够的耐心；再如用橡皮泥捏制小方块，如果方法不当，制作起来就有难度，比较便利的捏制方法是用双手的食指和拇指，将橡皮泥挤在中间，反复翻转捏制并不断的整形，就可以顺利制作出一个比较规范的小方块了。

有了前面的阶段练习做基础，小朋友们就可以尝试着用橡皮泥制作一些简单而有趣的造型了。见【图3-4】、【图3-5】、【图3-6】和【图3-7】，看看图中的一些造型和小朋友们前期的练习有没有关系？

图3-3

图3-4 馒头、花卷和窝头

图 3-5 在半球体的基础
上捏制而成的西瓜

图 3-6 蘑菇

图 3-7 汤包、煎鸡蛋和油条（蘑
菇、汤包都和圆锥体有关系）

二、浮雕式橡皮泥设计与制作

浮雕是在平面的基础上，利用有体积性质的材料，用压缩的手法处理形象，运用透视等因素来表现三维空间关系，将艺术造型制作出有凹凸效果的美术作品，因此也可以说：浮雕是雕塑与绘画相结合的产物。

浮雕一般情况下只适宜从正面欣赏、观看。

用橡皮泥制作浮雕，简单易行，非常适合幼儿园小朋友们进行制作。

制作实例（一） 橡皮泥浮雕【大树与小屋】

这是一组简易的风景浮雕，画面中只有树木与房子，但树木与房子的造型有难有易。用橡皮泥捏制时，要注意形体的体积感。

制作流程：

1. 取绿色或其他色彩合适的橡皮泥一块，将其搓成一头圆一头稍尖的、接近树冠形状的圆球形，见【图3-8】。

2. 之后在玻璃板上轻压成饼状，注意不要压得太薄，见【图3-9】。

图 3-8

图 3-9

3. 换另外一种色彩的橡皮泥，搓出一个适当大小的圆柱体充当树干，注意树干与树冠之间的比例关系，并将其轻压在树冠上，见【图3-10】。

4. 这只是制作大树最简单的方法，而在实际制作活动中，树冠、树干的形状是可以多变的。

图 3-10

图 3-11

5. 用橡皮泥制作小房子，要做出浮雕的体积感，见【图3-11】。可以先从小房子的墙体做起，之后再加上屋顶。

6. 用橡皮泥制作小房子，屋顶的色彩是可以多变的，例如橘红色、灰色、深红色、褐色等等。

7. 房顶和墙面合成后，还要制作出一些细节，比如小房子的门、窗户，还有烟囱等等，见【图3-12】。

图 3-12

图 3-13 【欣赏图片】

图 3-14 橡皮泥设计与制作 浮雕【大树与小屋】

图 3-15 橡皮泥浮雕制作参考资料

制作实例（二） 橡皮泥浮雕【美丽的蝴蝶】

浮雕式橡皮泥蝴蝶捏制工艺可以简单，也可以进行比较复杂的创作，老师应根据幼儿园小朋友们的认知能力，进行力所能及的制作活动。

制作流程：

1. 首先捏制的是蝴蝶的身体，蝴蝶身体的形状为一头粗一头细，见【图3-16】，用搓的方法制作最为便利，同时要注意：蝴蝶的身体在蝴蝶整体造型中所占的比例比较小，所以身体部分不要捏制的太大。

2. 之后搓出须子，再搓出两个小圆球做蝴蝶的眼睛。

3. 捏制侧面的蝴蝶最简单，只需加上一大一小两片翅膀即可，见【图3-17】。

4. 注意蝴蝶翅膀的形状是多变的，而翅膀形状的变化又在很大程度上决定了蝴蝶造型的变化。

5. 对称捏制蝴蝶的翅膀，呈现的就是蝴蝶正面的造型，见【图3-18】。

图 3-16

图 3-17【侧面蝴蝶】

图 3-18【正面蝴蝶】

图 3-19

6. 捏制蝴蝶时除去要尽可能地追求"形"的变化，还要注重细节的表现，细节表现的到位，可以让蝴蝶呈现出更加完美的视觉效果。【图 3-19】是一只仅有形，而没有细节的蝴蝶；而【图 3-20】是增加制作出细节之后的蝴蝶造型，两者相比，造型效果大不相同。

图 3-20 橡皮泥【蝴蝶造型欣赏图片】

图 3-21 橡皮泥【蝴蝶造型欣赏图片】

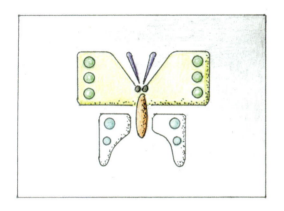

图 3-22 橡皮泥浮雕【美丽的蝴蝶】制作参考造型设计

制作实例（三） 橡皮泥浮雕【宝宝的泥名片】

名片本为成人交际用品，这里权当借鉴，其一，将其转化成一种橡皮泥艺术表现形式，

供小朋友们欣赏，其二，让小朋友们也能有一个拥有自己的"名片"的机会，让他们在与父母、亲友、小朋友们之间交流时"郑重其事"地介绍自己。

制作流程：

1. 因为橡皮泥太软，不具备像真名片那样的硬度，所以需要将泥名片制作在一块硬质板材上，例如卡纸、吹塑板、有机玻璃板等等。

2. 在板材上用橡皮泥铺出名片的底板，注意其长宽比例关系，通常为 3:2，见【图 3-23】。

图 3-23

3. 简单的泥名片只要用泥条做出小朋友的名字即可。

4. 稍微考究一点的泥名片可以从两个方面深化设计制作：其一，将前面掌握的橡皮泥浮雕图案的制作方法应用于泥名片设计；其二，还可以将泥名片的底板色彩由一种升级为两种，见图【3-24】及泥名片制作参考资料。

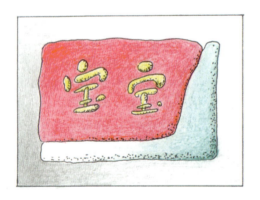

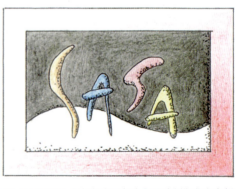

图 3-25 橡皮泥【宝宝的泥名片】设计制作参考资料

制作实例（四） 橡皮泥浮雕【老寿星】

在中国传统文化中，"吉祥"两字可谓是人们熟知且十分喜爱的字眼。而"老寿星"则是中国民俗吉祥画中传说的人物，据说"老寿星"原名叫"万年"，他历尽艰辛，经过几十年的观察，并经过精心的推算，制定出了准确的"太阳历"，感动了当时的国君祖乙，为了让后人铭记万年的贡献，祖乙便把"太阳历"命名为"万年历"，并且封万年为"日月寿星"，之后，人们便在过春节时挂上"老寿星"图画，据说就是为了纪念德高望重的万年的。

浮雕"老寿星"的制作过程比较复杂，见【图3-26】，我们可以分步骤推进，以弱化制作过程的难度。

制作流程：

1. 先从老寿星的头部做起，用肉色橡皮泥照【图3-27】、【图3-28】做出头型。

2. 照【图3-29】并根据与头部的比例关系，先做出寿星身体的底层部分，因为后续还要用多层橡皮泥将其覆盖上，所以这块橡皮泥的颜色任意。

3. 为方便整体合成，还要准备一个小盘子或有机玻璃板作浮雕的底板用。

图3-26 橡皮泥塑【老寿星】

图3-27

图3-28

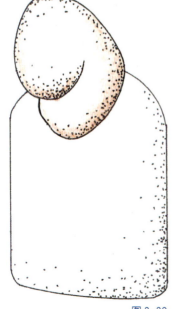

图3-30

4. 照【图3-30】的样子，在小盘子或有机玻璃板上把寿星的头和身子的垫底层拼合在一起。

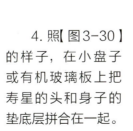

图3-29

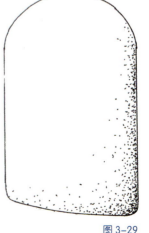

图 3-31

图 3-32

图 3-33

图 3-34

图 3-35

5. 用白色的橡皮泥按【图 3-31】所示，做出其衣服的下摆。

6. 在衣服的下摆上按【图 3-32】的样子贴上蓝色泥，同时做出鞋和两根黄色飘带贴上去。

7. 照【图 3-33】用灰黄色橡皮泥做好上衣贴上去。

8. 据【图 3-34】继续贴上红色飘带、上衣袖口、蓝色衣领等。

9. 老寿星的胡须贴上去后，要用美工刀划出胡须的结构，见【图 3-36】。

10. 照【图 3-37】提供的造型，做出老寿星的拐杖、宝葫芦、仙桃贴上去。

11. 最后一步是做出老寿星的双手，并照【图 3-26】"老寿星"效果图所示，将双手装上去。

图 3-36

图 3-37

三、圆雕式橡皮泥设计与制作

圆雕又称立体雕塑，系指非压缩的，可以从多角度观看、欣赏的三维立体造型。

在幼儿园里用橡皮泥设计制作圆雕，一定不能等同于成人设计制作的雕塑艺术作品，两者之间不仅有材质上的区别，更重要的是在表现手法、表现形式上的差异。幼儿园的橡皮泥圆雕要简洁、概括、充满童趣，要用童话般的艺术语言去感染、打动小朋友，为孩子们天真无邪的美好心灵注入健康向上的艺术养分。

制作实例（一）橡皮泥【食品类造型与设计】

餐厅、超市、蛋糕作坊里琳琅满目的食品色彩艳丽、做工精致，这些食物不仅是可口的美味佳肴，也是具有艺术含量的观赏品，用橡皮泥模拟制作各种各样的食品，同样可以做到形象逼真、"秀色可餐"，受到小朋友们的喜爱，见【图3-38】。

制作流程：

1. 通常情况下，捏制基础结构是制作食品类橡皮泥作品的先行步骤，例如生日蛋糕，应该先捏制出用作基础的圆饼。

2. 基础造型是细节的承载物，表现细节的造型应该根据基础形体的比例关系在后期制作，例如生日蛋糕的蜡烛一定不要率先捏制出来。

3. 注意作品整体的色彩效果，食物类橡皮泥造型的色彩应该是艳丽的、明朗的。

图3-38 橡皮泥造型欣赏图片【生日蛋糕】

图3-39【饮料与蛋糕】

图 3-40 【汉堡包、蛋糕与生日蜡烛】

图 3-41【年糕与面包】

图 3-42【碗面】

制作实例（二） 橡皮泥【瓜果类造型与设计】

　　瓜果品种繁多，形状特征鲜明且色彩艳丽，不仅是小朋友们爱吃的食物，同时也是小朋友们爱画、爱用橡皮泥模拟制作的食品。

图 3-43 橡皮泥制作欣赏图片【梨和苹果】

图 3-44 【莲蓬】

图 3-45 【桃和苹果】

图 3-46 【西瓜、香蕉和梨】

第三章　橡皮泥设计与造型

制作实例（三） 橡皮泥【蔬菜类造型与设计】

　　蔬菜类的橡皮泥造型与设计源于生活，而且许多小朋友对各种各样的蔬菜并不陌生，制作起来会更加顺手。

　　用橡皮泥捏制蔬菜需要注意两个要点：其一，不要过分刻意追求蔬菜的细节，应注重抓住蔬菜形体的主要特征，并且通过艺术提炼的手法将其表现出来；其二，捏制蔬菜的橡皮泥，其色彩要尽量向真实蔬菜的颜色靠拢。

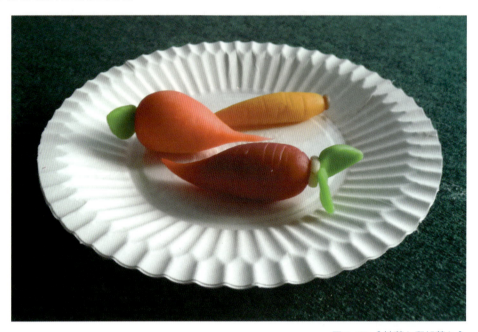

图 3-47 【辣萝卜和胡萝卜】

图 3-48 橡皮泥制作欣赏图片【黄瓜、西红柿、萝卜和辣椒】

图 3-49 【红辣椒与青辣椒】

制作橡皮泥模拟蔬菜，必要时可以对橡皮泥的色彩进行调制，调制的方法与调制色彩的方法相似，色彩是调和，而橡皮泥是柔和。

图 3-50 【大白菜】

图 3-51 橡皮泥制作欣赏图片【茄子与南瓜】

制作实例（四） 橡皮泥【动物造型设计与制作】

用橡皮泥设计制作小动物需注意两个方面：即形体与动态。

（一）小毛驴

根据【图 3-53】，最好先将毛驴的身体捏制出来，然后再把它其他的附件添加上去。

制作流程：

1. 取一块黑色的橡皮泥，参照【图 3-54】和【图 3-55】，捏出小毛驴身体的雏形。

图 3-52 欣赏图片【小毛驴】

图 3-53

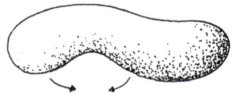

图 3-54

图 3-55

2. 毛驴的腿用黑泥捏出基本型，见【图 3-56】，下部再用一小块白色的橡皮泥包起来，以表现出小毛驴的驴蹄子，见【图 3-57】。驴腿与驴身可用牙签穿接起来。

图 3-56

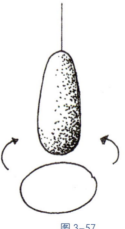

图 3-57

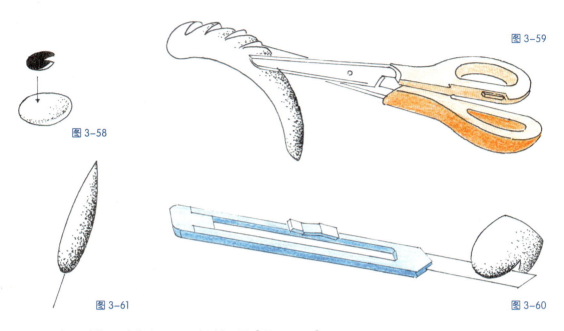

图 3-59

图 3-58

图 3-61

图 3-60

3. 小毛驴的眼睛分上下两层捏制，见【图 3-58】。

4. 驴鬃用剪刀剪出结构，见【图 3-59】。

5. 驴嘴要用白色的橡皮泥捏制，先捏出驴嘴的基本型，然后再将驴嘴的前半部分用美工刀切开，见【图 3-60】。

6. 驴的耳朵见【图 3-61】。

（二）企鹅

企鹅不惧严寒，是生长在南极的小动物，其形象憨态可掬，深受小朋友们的喜爱。现在我们用橡皮泥将它捏制出来。

制作流程：

1. 用黑色橡皮泥捏出企鹅的身体，其形状见【图 3-63】。

2. 企鹅的下部要捏一个底座，先用黑色橡皮泥搓一个球，压扁，再在圆饼的前面贴上一小块白色橡皮泥，见【图 3-64】。

图 3-62【企鹅造型设计】

图 3-64

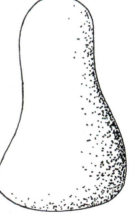

图 3-63

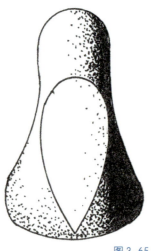
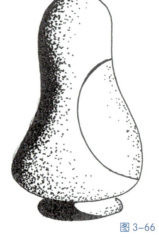
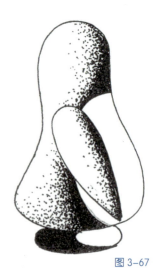

图 3-65   图 3-66   图 3-67

3. 在企鹅肚子的前面用白色橡皮泥捏一叶子状的白泥片贴上去，然后将企鹅的身子和底座连起来，见【图 3-65】、【图 3-66】。

4. 再用黑泥捏出企鹅的两只手臂，按【图 3-67】所示的方位装上去，如果不够牢固，内里可用一根牙签穿起来，见【图 3-68】。

5. 最后用橙色橡皮泥做嘴，再选一种色泥做个帽子给企鹅戴上就 OK 了。见【图 3-69】、【图 3-70】。

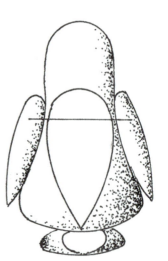

图 3-68

图 3-70 橡皮泥造型【企鹅】欣赏图

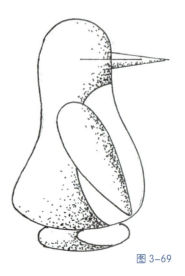

图 3-69

（三）【小狗】

小狗的造型设计见【图3-71】。

制作流程：

1. 用同种色彩的橡皮泥捏制小狗的头和身体，用夸张的手法表现，即头与身体的比例比较接近，见【图3-72】、【3-73】。

2. 小狗的头部与狗身体之间用一小块橡皮泥垫一下，见【图3-74】，中间用牙签串起来，组合在一起，见【图3-75】。

3. 按照【图3-76】捏制狗腿、狗脚。

4. 捏制出狗耳朵、狗尾巴，并进行整体组合。

图 3-71 橡皮泥造型设计【小狗】

图 3-72

图 3-73

图 3-74

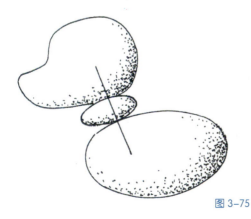

图 3-75

图 3-76

制作实例（五） 橡皮泥【人物造型设计与制作】

　　用橡皮泥塑造人物适宜简洁、夸张，这是由橡皮泥的特性及幼儿园对人物造型的需求所决定的。但人物的细节表现不可过分省略，否则作品的艺术含量、观赏性会大打折扣，见【图3-77】。

制作流程：

　　1. 把人物的头部简化制作成一个球体。

　　2. 制作一个圆柱体作为人物的颈部或作为人物的服装，见【图3-78】。

　　3. 给人物戴上帽子或覆盖上头发，见【图3-79】。

　　4. 给人物细心地贴上五官及装饰物件，见【图3-80】。

图3-77 橡皮泥人物造型欣赏【冬】

图3-78

图3-79

图3-80 橡皮泥塑【戴耳环的小女孩】

图 3-81 橡皮泥塑【戴帽子的女娃】

图 3-82 橡皮泥塑
【可爱的老爷爷】

第三章 橡皮泥设计与造型

图 3-83 橡皮泥塑【乡间女娃】

图 3-84 橡皮泥塑【女歌唱家】

图 3-85 橡皮泥塑【长发小子】

图 3-86 橡皮泥塑【卡通人物头部造型设计】

四、在校学前教育专业大学生橡皮泥手工作品欣赏

图 3-87 橡皮泥浮雕【唐老鸭】制作者：张真

图 3-92 【快乐的老伴】制作者：李菊

图 3-88 【茶壶与蛋糕】制作者：沈云昕 昝梦

图 3-89 【花树组合】制作者：周亮

图 3-91 【美餐】制作者：王笑笑

图 3-90 【一组蔬菜】制作者：倪玲玉

图 3-93 【小白兔】制作者：王明玉

第四章

SYNTHETIC MATERIAL DESIGNING AND MODELLING

综合材料设计与造型

本章学习的重点和目标是：幼儿园手工制作所使用的材料，一方面可以有固定的指向，使作品本身在材料应用上个性鲜明，形成材料应用方面的一个亮点；同时，也可以广开思路，不受什么所谓材料分类的制约，在手工制作的过程中，依据需要和可能，灵活把握，灵活应用。

一、广开材料来源，让手工作品更加富有生命力

　　幼儿园手工制作使用的材料应该在安全、环保的基础上，广开材料来源，即手头有什么材料就尽量考虑使用什么材料，能找到什么材料就用什么材料，如果能找到正好与所需部件形状相似，稍作加工即可适用的代用品则更是大大方便了手工制作。另外，所谓多种材料综合应用，就是说在制作同一件作品时，可以根据所制作作品不同部位的不同结构，分别选用不同的材料，特别是要注重选用相对应的，容易加工的材料进行制作，例如：泡塑材料、铜皮、铁皮、木材、各种有机玻璃板、各类材质的线材、各种规格的纸张等等。如此，幼儿园手工制作的材料来源就更加广泛了，制作的过程就更加方便了，而作品的表现力也可能因为所使用的材料适合而更加贴近需求，从而更加有效地增强了手工作品的表现力。

二、综合材料制作实践

制作实例（一）【画在粉笔上的戏剧人物脸谱】

　　戏剧人物脸谱是中国戏曲艺术中颇具特色的经典绘画表现形式，而能将表现各种历史人物的戏剧脸谱经过再次夸张、变形处理，画在细长的粉笔上，则会让人感觉耳目一新，非常有趣。

制作流程：

　　1. 选用没有棱角的圆形粉笔若干支，并仔细地在纸上将每支粉笔的两端磨成圆形，见【图4-2】。

图4-1 作品欣赏【画在粉笔上的戏剧人物脸谱】

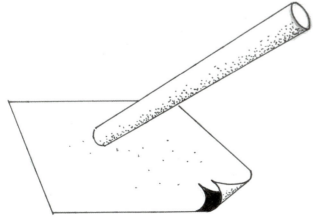

图4-2

　　2. 选用4B的软铅笔，在粉笔的半面上画出戏曲人物脸谱的轮廓线，见【图4-3】。

图 4-3　画在粉笔上的戏剧人物脸谱造型参考图例

3. 选用小号衣纹狼毫笔，用水粉颜料画出戏曲人物的彩色图案。

4. 如若自己想创作粉笔戏曲人物脸谱图案，需注意两点：

①人物的眼睛要设计在中线以上，防止构图下沉。

②人物图案设计要向粉笔的形状靠拢，使图案与粉笔的外形合为一体。

5.【粉笔戏剧人物脸谱】制作完成后，为了观赏方便，同时也是为了提升作品的品位，还要精心设计一个包装盒，将作品包装起来，使作品更加完美。

6. 包装盒的设计可参考【图 4-1】"欣赏图片"。

制作实例（二）【纸盒造型】

纸盒造型一般情况下属于废弃物的再利用，对于幼儿园而言，并非所有的废纸盒都有利用价值，这是因为废纸盒有大有小，有软有硬，而且上面大多印有五花八门的图案，如果对手工作品的艺术要求较高的话，其直接利用的可能性很小。这里推介几款简单的纸盒造型设计，供参考制作。

（一）【卡车】

挑选两个大小比例协调的纸盒粘在一起，

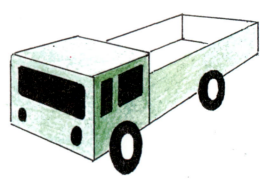

图 4-4　纸盒拼成的卡车

形成卡车的雏形。驾驶室的车窗、车灯等零部件，用彩色卡纸剪好了贴上去，卡车的车轮也用卡纸剪制。另外，制作时要整体掌握好卡车的比例关系，见【图4-4】。

（二）【沙发】

右图为利用5个废弃的小盒子制作的沙发。制作这个沙发的难点是需要找到5个大小相同的小盒子，并且小盒子的形状最好是扁扁的、方方的，如果找不到，只好用形状接近的小盒子改造了，这样做就稍微麻烦了一些。之后，按照【图4-5】组装起来，并加以装饰美化就成了。

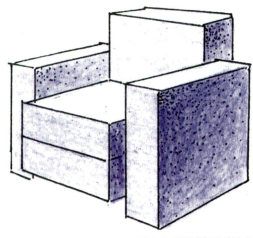

图4-5 小纸盒拼装的沙发

（三）【小房子】

制作这个小房子首先需要一个合适的小纸盒作房间，再选一个适合的纸盒拆开后，改制成屋顶装上去，而屋顶上的小烟囱若能正好找到一个更小的小盒子，稍加改造组装上去就更加完美了，见【图4-6】。

图4-6 用纸盒改装制成的小房子

（四）【卡通小人头造型】

制作这个卡通小人头，首先需要找到一个合适的圆形纸盒，大点小点都可以用，长点也没有关系，剪掉一些就行了。若实在找不到圆形的盒子，必要时用方形的小盒子替代也是可以的。

因为盒子上大多印有图案，不适合直接做人物的脸部，所以需要用肉色纸加以覆盖遮掩，之后再根据自己对卡通小人头造型的设计要求，粘贴上五官及头发就行了，见【图4-7】。

图4-7 卡通小人头造型

制作实例（三）【纸杯造型】

　　在幼儿园，面向小朋友展开的手工制作应该是灵活的、多方面的，能够利用一些已经有了"基本型"的器物制作手工作品，是一种简便易行的方法。纸杯和一次性纸盘一样，很有利用价值，纸杯可以立起来做造型用，也可以放倒了做造型用，问题是放倒了会滚动，但只要做一个简单的处理，问题就解决了，见【图4-8】。

图 4-9

图 4-8

图4-10【白鹅戏水】欣赏图片

　　解决了纸杯滚动的问题，接下来就是利用纸杯造型了。纸杯造型设计，重要的是抓住"杯形"，能让"杯形"成为形体的一部分，才是比较理想的设计。

（一）【白鹅戏水】

制作流程：

　　1. 按照【图4-9】给出的样子，用卡纸画好鹅头，还有鹅的翅膀，之后用剪刀剪下来，注意在鹅颈的底部留出粘贴面。

　　2. 照【图4-10】把鹅头、翅膀粘贴上去。

（二）【大象】

制作流程：

1. 纸杯仍然横着放，先用铅笔在纸杯的下部画出一个半圆形的"门洞"，并把这个门洞剪刻下来，见【图4-11】。

2. 因为大象的身材笨重，开过门洞的纸杯与大象的身材比较相似，再按照【图4-12】画个大象头粘贴上去，看看效果如何？

图 4-11

图 4-12

（三）【戴帽子的小女孩】

超市里的奶茶是小朋友们爱喝的饮料，包装奶茶的纸杯质量好，图案印刷精美。奶茶喝完后弃之可惜，我们不妨把废弃的奶茶杯拿过来，试着将其设计制作成卡通人物的头部造型，见【图4-13】。

制作流程：

1. 将奶果茶的杯子剪一个口，以便露出小女孩的脸部。

2. 将剪过口的纸杯套在另一个普通的一次性纸杯上。

3. 小女孩的脸部用肉色纸覆盖，五官的设计一定要采用夸张的手法，尽量不要画，用手工制作的方法处理五官，才能取得比较好的效果。

图 4-13 【戴帽子的小女孩】

（四）【时尚女孩】

制作流程：

1. 把奶茶杯的盖子利用起来，可以通过添加改造，将其制作成一顶时尚新潮的帽子。

2. 用一个普通的纸杯制作成卡通娃娃头，再把帽子戴上去，见【图4-14】。

图4-14 【时尚女孩】

图4-15 【鸡】

纸杯造型参考资料

图4-16 【猪】

图4-17 【沙和尚】

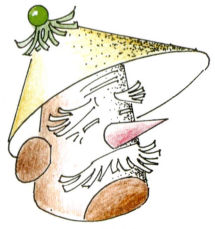

图4-18 【老人】

制作实例（四）【卷纸筒造型】

卷纸筒系指家用卷纸用完后，中间剩余的那个圆形小纸筒。因为很多家庭使用卷纸的数量比较大，剩余的小纸筒弃之可惜，故可以考虑将其利用起来。

纸筒是圆形的，见【图4-19】，那么所谓废弃物的利用，其突破点就是要考虑如何恰到好处地利用这个圆筒。

图4-19

图4-21【小猪】

图4-20

圆筒躺倒时会滚动，用色纸包裹时留出一点点，问题就可以解决了，见【图4-20】。

（一）【小猪】
制作流程：

1. 把纸筒按照需要的颜色用彩纸包裹起来。

2. 画出猪头的形象，并剪下来粘贴至圆筒上，见【图4-21】。

3. 用细纸条卷一下粘贴上去做猪的尾巴。

（二）【长颈鹿】
制作流程：

1. 把纸筒立起来，下部如图剪个门洞，作鹿腿。

2. 在卡纸上画出鹿头、鹿颈，剪下来粘贴上去，制成效果见【图4-22】。

图4-22【长颈鹿】

制作实例（五）【纸盘贴画】

一次性纸盘在市场上的售价不高，这种纸盘是用机器压制的，白色，形状规范，外围花纹很有立体感，可以推荐给幼儿园的小朋友用来制作【纸盘贴画】，见【图4-23】。

制作流程：

1. 根据纸盘的大小，用硬卡纸给纸盘制作一个托盘架，以便将纸盘贴画摆设起来，便于欣赏。制作图纸见【图4-24】，成品见【图4-25】。

图4-23 【双蛙】作者：陈圆圆

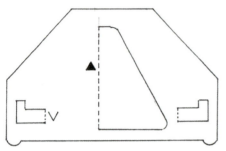

图4-24

图4-25

图4-26 制作者：孟子郁

图4-27 【大公鸡】制作者：徐燕萍

图4-28 【米老鼠】制作者：孟子郁

2. 在纸盘里制作贴画，构图要尽量考虑适合圆形的纸盘。

3. 制作贴画的色彩要尽量丰富。纸盘是白色的，必要时可以在纸盘的中部贴上一块底色，再在底色上做贴画，见【图4-29】。

4. 用卡纸制作贴画时，必要时可以采用垫贴的方法，以使纸盘贴画具有立体效果。

图 4-29 【阿狸】制作者：朱彤焱

图 4-30 【小鱼】制作者：包敏慧

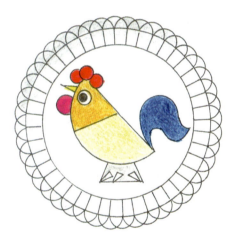

图 4-31 【纸盘贴画】制作参考图

第四章 综合材料设计与造型

制作实例（六）【多桅帆船】

多桅帆船造型古朴，气势恢宏，虽历尽沧桑，但其鲜明的个性特点绝无仅有，至今仍然受到很多人的喜爱，见【图4-32】。

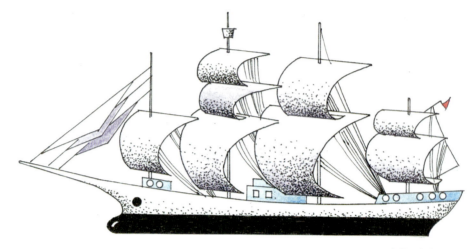

图 4-32 多桅帆船侧面图

图 4-34 多桅帆船平面图

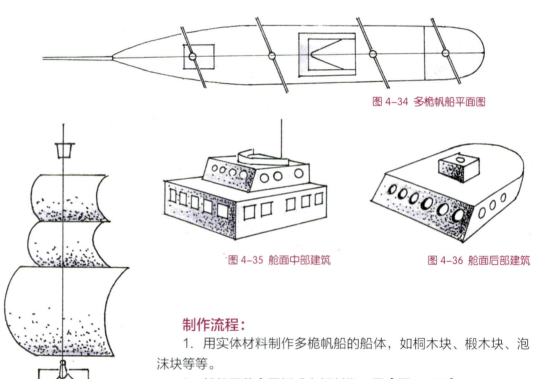

图 4-35 舱面中部建筑

图 4-36 舱面后部建筑

制作流程：

1. 用实体材料制作多桅帆船的船体，如桐木块、椴木块、泡沫块等等。

2. 船帆用薄金属板或卡纸制作，见【图4-33】。

3. 舱面建筑用实体材料或板材制作，注意体现细节，例如舱面建筑的窗口就不容忽视，见【图4-35】、【图4-36】。

4. 用线材拉出调节风帆的绳索。

图 4-33 多桅帆船前视图

制作实例（七）【集装箱卡车】

集装箱卡车的特点是车头与车身相比，汽车车头所占的比例较小，后面拖着一个长长的集装箱，见【图4-37】。

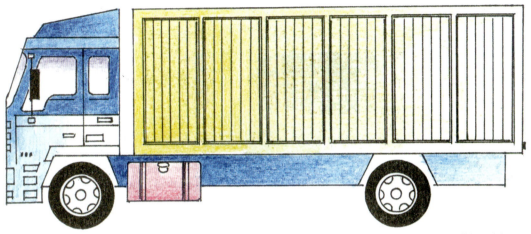

图 4-37 集装箱卡车侧面图

图 4-38 卡车正面图

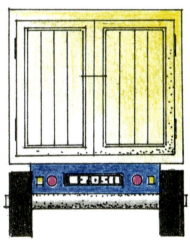

图 4-39 卡车后视图

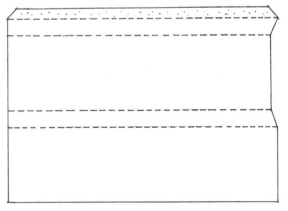

图 4-40 卡车底盘制作展开图

制作这辆卡车模型可使用各种材料，例如制作驾驶室上的后视镜，就可以用细金属丝与板材相结合的方法。

第四章 综合材料设计与造型

制作流程：

1. 图 4-40 是卡车底盘的制作平面展开图，也是将集装箱卡车所有部件连接成一个整体的主体结构，制作这辆卡车模型就要先做出这个底盘，其制作尺寸可以从【图4-37】、【图4-39】中量取。

2. 接下来要制作卡车的驾驶室，制作驾驶室稍微有点复杂，其制作展开图见【图4-41】，制作过程图见【图4-42】。

3. 【图4-43】是驾驶室上面的整流罩。

4. 驾驶室、汽车底盘制作完成后，两者组合起来的结构图见【图4-44】。

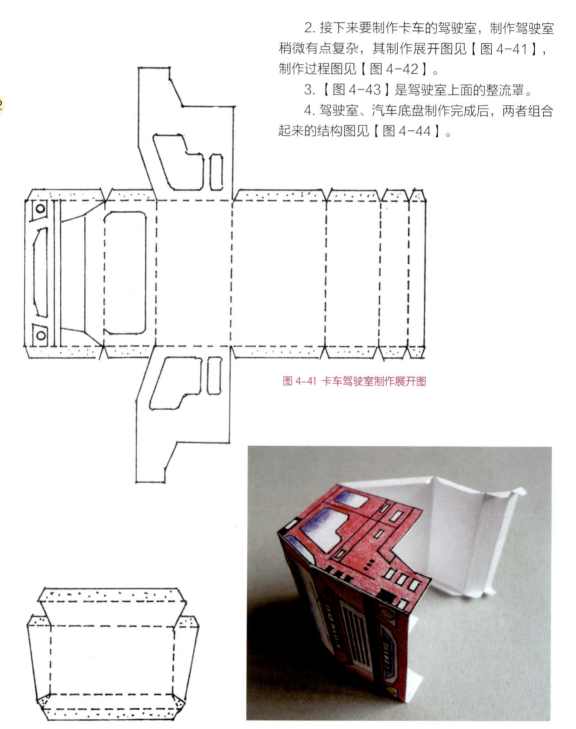

图 4-41 卡车驾驶室制作展开图

图 4-43

图 4-42 驾驶室制作过程图

5. 用较厚的实体板材给集装箱卡车制作六个车轮。

6. 车轮安装完成后，就制作好了卡车的基本型，如果在后部制作一个车斗，制作出来的就是围斗式卡车模型，见【图4-45】。

7. 集装箱卡车的制作成型图见【图4-46】。

图 4-44

图 4-45【卡车模型】欣赏图片

图 4-46【集装箱卡车模型】欣赏图

第四章 综合材料设计与造型

制作实例（八）【小别墅模型】

幼儿园里常常会出现一些造型生动的小小房子，这些小房子有大有小，微型的供小朋友们欣赏，而大些的甚至可以供小朋友们钻进去做游戏。童心纯真，这些小房子里可能隐秘着孩子们太多的、无穷无尽的童话故事。

制作小别墅模型其实就是制作建筑模型。当前，随着国家建设的需要以及房地产市场销售之需求，建筑模型的设计与制作引入了高科技的成分，利用现代科技手段制作的沙盘模型已经达到了可以乱真的水平，见【图4-48】。

图4-47【城堡模型】制作者：骆丽霏

图4-48 某高校【规划模型】设计制作欣赏

这里介绍的【小别墅】建筑模型制作用料简单，工艺也可简可繁，比较适合在幼儿园里进行制作。

（一）简单的制作方法

选用泡沫板或电器包装箱里的泡沫材料，经切割后制作出小别墅模型的基本型。为适合小朋友制作，可以省略局部的凹凸结构，只注重房屋的外形，之后用彩色不干胶纸表现出外部结构就可以了。

（二）仿真建筑模型的制作方法

制作仿真建筑模型的材料可以采用各种化工有机板材、薄金属板材、质量好的各种卡纸等。制作时有两大要素需要注重：其一，严谨的整体比例关系，其二，尽可能地强化细节表现力度，细节表现得到位，模型的可观赏性自然就高。

制作流程：

1. 仔细观察、研究小别墅的造型图，见【图 4-49】"小别墅模型"正面造型图，并依图放大设计制作图纸。

图 4-49【小别墅模型】正面造型图

2. 先从小别墅模型的四面墙体做起，其墙体结构制作展开图见【图 4-50】，这里选用的制作材料为卡纸或薄金属板材。

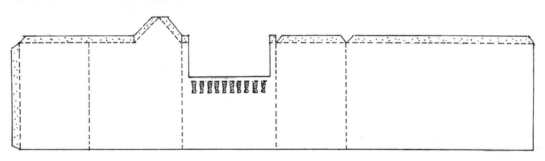

图 4-50【墙体平面展开图】

3. 如果选用的是薄金属板材，【图 4-50】中的粘贴面可以省略，拼合时直接焊接即可。图中部的细节表现的是小别墅的栏杆，拼合前需要将阴影部分作镂空处理。

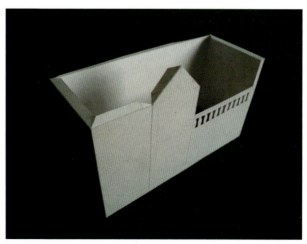

图 4-51 墙体合成后的效果图

4. 小别墅模型二楼右上侧表现的是阳台，为了强调模型的凹凸立体感，这里要制作出立体的空间效果，处理的方法是：另加一小块卡纸作为内墙，给阳台一个进深度，凹凸的空间感就体现出来了。具体的制作效果可参见【图4-52】。

5. 为了安装由四个斜面组成的屋顶，先要在做好的墙壁顶部安装一平面，用以支撑斜面屋顶，这个平面的设计制作展开图见【图4-53】，制成后的效果见【图4-55】。

6. 将制作好的平顶粘贴到墙壁的上部。安装好的效果见【图4-54】。

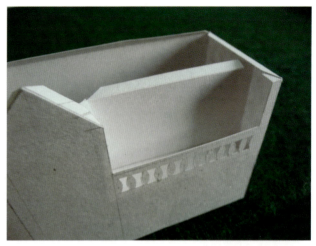

图 4-52 局部立体效果图

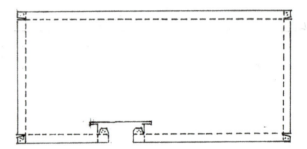

图 4-53 屋顶平面制作展开图

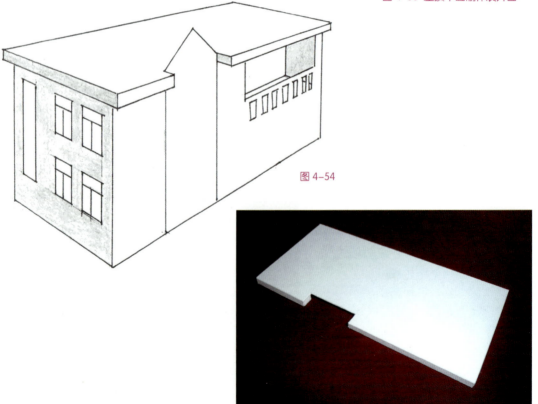

图 4-54

图 4-55【平面房顶制作效果图】

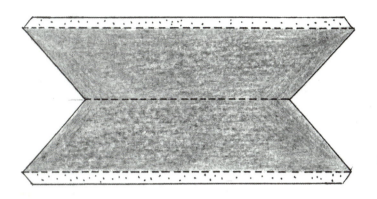

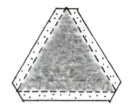

图 4-56 屋顶

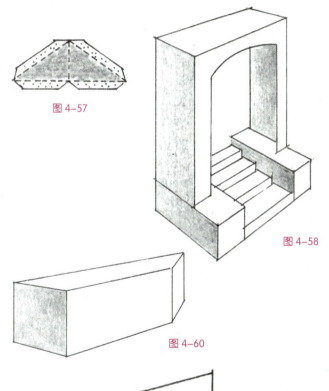

图 4-57

图 4-58

图 4-60

7. 斜面屋顶的结构制作图见【图 4-56】，合成前将瓦的效果画出来。

8.【图 -4-57】是屋顶气窗的结构图。

9.【图 4-58】是小别墅的大门，如果模型制作的比较大，就要依图制作的尽可能细致一些。制作效果可参考【图 4-59】。

图 4-61

图 4-59

第四章 综合材料设计与造型

图 4-62 【小别墅模型】制作效果图

10. 图 4-60 是窗台。

11. 图 4-61 是房屋窗户比较精致的制作方法，如果模型比较大，且质量要求较高，可考虑此制作方法。内里的一层为镜片。

图 4-63 【欣赏图片】制作者：周纯真

图 4-64 【欣赏图片】制作者：肖亚

图 4-65 【欣赏图片】制作者：戚红芝

制作实例（九） 仿真外观性 【坦克模型】

坦克的英文名为"TANK"，英国人发明的。坦克是现代陆上作战的主要武器，它在战场上具有高度的越野、机动性能，主要担当消灭敌方坦克，摧毁敌方工事，歼灭敌方有生力量的作战任务，往往在炮火连天的激战中处于战场霸王的地位。

利用坦克模型向幼儿园的小朋友讲解军事科技知识，提高他们的认知能力，打造他们的爱国主义热情，这样的教具一定是幼儿园的小朋友们所喜爱欢的。

制作流程：

制作坦克模型先要仔细审看坦克的图纸，这份图纸最少要包括全侧面图和正面图，有了这两份图纸，制作各部分的部件就有了依据，见【图4-66】、【图4-67】。

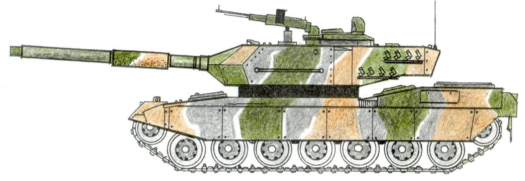

图4-66【坦克模型】全侧面图

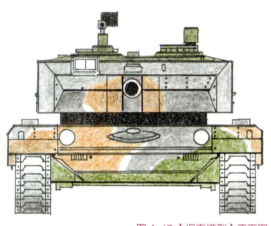

图4-67【坦克模型】正面图

1. 制作这辆坦克模型要先从坦克的车体做起，其基本形状如【图4-68】，制作尺寸可以将图纸放大后直接量取。坦克模型的车体可选用包装家电的高密度泡沫材料制作，加工手段为锯、挫、刀雕。也可以考虑用卡纸制作。

2. 因泡沫材料不好直接涂色，所以还要在成型后的泡沫材料上覆盖上一层彩色不干胶纸或卡纸。

3. 制作车轮。制作造型简单一些的坦克车车轮，可以用厚纸板多层加厚制作成型，但是这种坦克车车轮的缺点是没有凹凸感，是平面的。制作比较逼真的、凹凸感强烈的坦克车车轮模型，比较简单可行的方法是采用卷纸

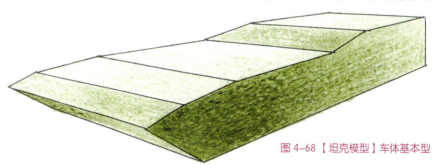

图4-68【坦克模型】车体基本型

法，即根据设计，剪裁好不同宽度的纸条，分多次卷制而成，具体制作方法可参照【图 4-69】。注意：为方便卷制，纸条要有一定的厚度。

图 4-69 坦克车车轮制作参考图

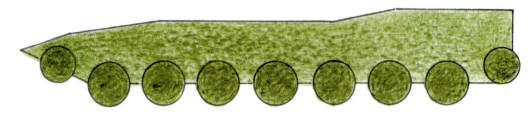

图 4-70 坦克车车轮安装位置图

4. 按照【图 4-70】所示的安装位置及车轮数量，将坦克模型所有的车轮安装上去。之后就是制作车轮的护罩了，护罩可以选用卡纸制作，为组合便利，可参照【图 4-71】提示的方法设计制作。

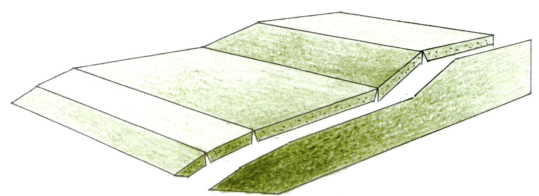

图 4-71

5. 坦克模型的另外一个重要部件就是炮塔了。制作炮塔的方法、过程与制作坦克车身的方法相同，其形状见【图 4-72】。炮塔与车身之间有一个圆盘，其形见【图 4-73】。

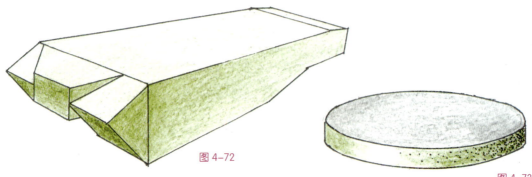

图 4-72

图 4-73

6. 要使坦克模型有很好的可观赏性，就要在坦克模型的主体部件制作完成后，再制作出一系列能够表现细节的小部件，这些小部件可参照下图制作。

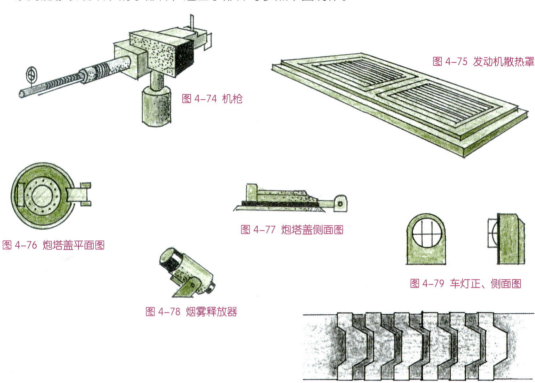

图 4-74 机枪

图 4-75 发动机散热罩

图 4-76 炮塔盖平面图

图 4-77 炮塔盖侧面图

图 4-78 烟雾释放器

图 4-79 车灯正、侧面图

图 4-80 坦克履带制作参考图

图 4-81 仿真【坦克模型】制作成型参考图片

7. 坦克模型的履带可选用较厚的卡纸制作，见【图 4-80】。

图 4-82 【坦克模型】设计制作参考图片

制作实例（十）【导弹护卫舰模型】

　　在幼儿园里，各种舰船模型特别容易吸引小朋友们的眼球，引起他们的兴趣。的确，精致的舰船模型，展现的不仅是造型艺术，也是对幼儿进行科学技术启蒙教育，灌输爱国主义思想的教具之一。

　　舰船模型制作可简可繁，简单的只需制作出主体部件，有一个大概的形即可。而仿真的则需要按照真实舰船的比例缩小了进行制作，用这样的方法制作出来的模型，称作"仿真模型"或"高仿真模型"，见【图4-83】。这类舰船模型具有很高的收藏与观赏价值。如果有机会能够观赏到世界战争史上的一些名舰仿真模型，不仅能让今天的人们瞬间领略到那些名舰昔日的风貌，深切感受到历史的沧桑，更能让有兴趣的人们去追寻这些名舰背后隐藏的故事。

　　这里介绍一款外观性【导弹护卫舰模型】的制作方法。

　　制作舰船模型首先要取得这艘舰船的两张图纸，一张是全侧面图，另一张是平面图。有了这两张图纸，所有的制作尺寸都可以从这两张图纸中量取，见【图4-84】。

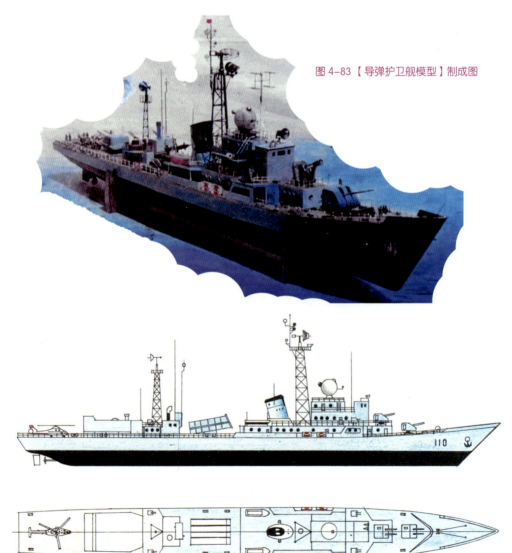

图 4-83 【导弹护卫舰模型】制成图

图 4-84 导弹护卫舰全侧面图、平面图

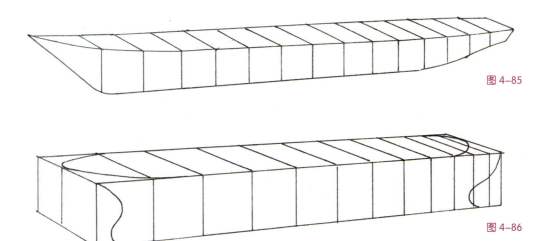

图 4-85

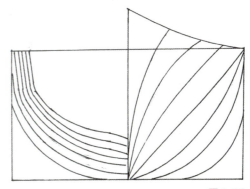

图 4-86

制作舰船模型要先从船体做起。【图 4-85】是军舰的船体图,【图 4-86】是大型货轮的船体图。从船首至船尾等分成若干份,它们的截面图见【图 4-87】,这就是舰船船体流线型走向图。

图 4-87

制作流程：

1. 按照【图 4-87】提供的导弹护卫舰截面流线型走向图,用硬卡纸将每一个截面图 4-87 描图后,刻制成测量卡片,见【图 4-88】。

2. 因为是制作外观性舰船模型,舰体可以用木材制作,最好选用桐木、椴木、松木等较软的木材制作。为保证制作出来的舰体有准确的流线型,在制作舰体的过程中,要不断地用测量卡片进行测量。

3. 除船体外,舱面建筑是舰船的另一重要构成,【图 4-89】是导弹护卫舰模型的前舱

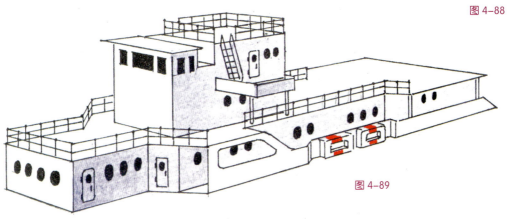

图 4-88

图 4-89

第四章 综合材料设计与造型

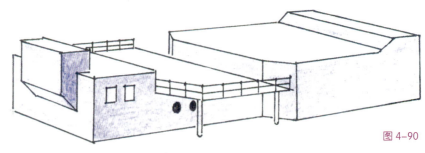

图 4-90

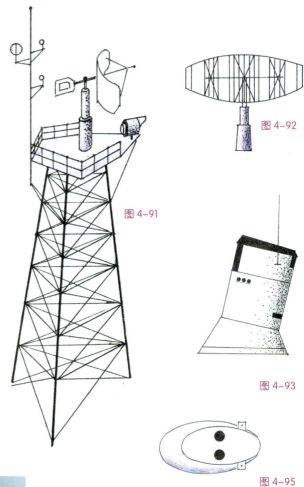

图 4-91

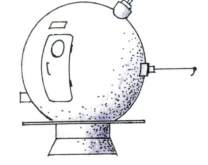

图 4-92

面建筑，【图4-90】是其后舱面建筑。制作舱面建筑的材料可以选用硬卡纸、薄铜皮、薄铁皮等。舱面建筑看似复杂，但只要将其解体，分开制作，然后再合成，复杂的事情就变得简单了。

4. 舱面建筑上的栏杆用大头针和细铜丝焊制。

5.【图4-91】是导弹护卫舰的前桅杆。桅杆是用来安装雷达、通讯天线、探照灯等设备的。

制作桅杆的材料可以采用从电线里面剥离出来的粗细铜丝焊制。

6.【图4-92】是桅杆上的雷达，也用细铜丝焊制。

7.【图4-93】是烟囱，可以用薄金属皮和木材制作。

8.【图4-94】是导弹发射架。

图 4-93

图 4-95

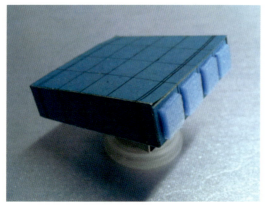

图 4-94

9.【图 4-95】是远程雷达，制作这个部件可以尽量选用形体、体量近似的成品改制，例如利用乒乓球进行改造制作，这个远程雷达制作的难度就大大简化了。

10.【图 4-96】是救生艇及救生艇收放装置。制作救生艇比较简便的方法是，选用大块橡皮雕刻而成。

11.【图 4-97】是前、后主炮，这是导弹护卫舰模型上的重要构成部件，要尽量制作得精细一些，例如棱角处呈圆形，所以最好选用软薄木片制作。

12.【图 4-98】是双联炮，模型舰上一共有四座。用金属板材制作炮座，而炮管上的反后座力弹簧用细铜丝绕上去即可。

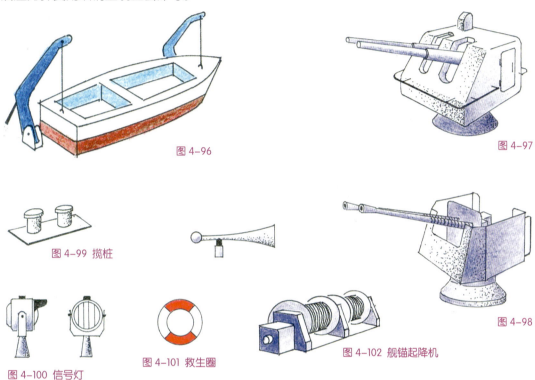

图 4-96

图 4-97

图 4-99 揽桩

图 4-100 信号灯

图 4-101 救生圈

图 4-102 舰锚起降机

图 4-98

图 4-103 制作时可从后部观察导弹护卫舰模型全貌

第四章 综合材料设计与造型

13.【图4-104】是导弹护卫舰的锚，因为必须将锚制作得富有体积感才好，所以，建议仍然选用大块橡皮刻制，这样制作比较方便。

14. 因为制作舰船模型选用的是综合材料制作模式，所以导弹护卫舰上的其他小零件，可以任意选用方便合适的材料进行制作。

图4-104

图4-105【鱼雷快艇模型】制作及欣赏图片

图4-106 舰船通风管

图4-107 不同式样的舰船舱门

图4-108 舱口盖

图4-109【舰船模型】制作参考及欣赏图片

制作实践（十一）【老式火车头模型】

1679 年，法国物理学家丹尼斯·巴本在仔细观察高压锅的工作状态后，研制了一台蒸汽机工作模型。1769 年，詹姆斯·瓦特研发并制造出了早期的工业蒸汽机，改善了工人的劳动条件。之后，1807 年，罗伯特·富尔顿第一个成功地将蒸汽机作为动力，安装在船上用来驱动船舶航行。

1800 年，英国的特里维西克设计制造了一台功率较大的高压蒸汽机，几经试验，1803 年，特里维西克把这台高压蒸汽机安装在一台车体上，并为这台蒸汽机车设计铺设了一条环形钢铁轨道，让蒸汽机车在环形轨道上运行，这个奇特的玩意吸引了人们的眼球，一些喜欢追逐新潮的人们，不惜向特里维西克付费而乘坐这台奇妙的机器，这就是现代铁路机车的雏形。

2000 年，美国国务卿访问日本时，将一台仿真老式火车头模型作为国礼赠送给日本首相，由此可见，做工精美的模型具有不凡的身价。

现在，我们就依据那台美国国礼"老式火车头模型"，为幼儿园的小朋友们设计制作一台仿真老式火车头模型，既可以让小朋友们欣赏精美的手工制作，同时，又可以让这台老式火车头模型成为幼儿园里的科技教具，帮助小朋友们了解人类历史上早期的交通工具，并从中学习科技知识。

图 4-110

制作这台模型，首先要仔细观看、研究这台模型的照片，并依据照片绘出这台老式火车头的全侧面图，见【图 4-110】；正立面图，见【图 4-111】；平面图，见【图 4-112】。绘制制作图纸时，要注意保留原模型的古老风貌，突出原模型的主要特征。

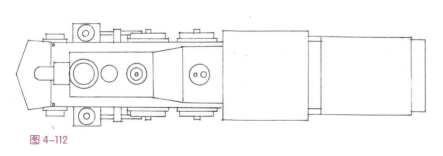

图 4-112

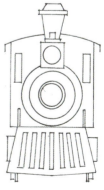

图 4-111

这台模型比较复杂，为方便制作，可采用分解法分开制作，待若干个大部件制作完成组装合成后，再继续添加表现细节的部件。

　　经过分析，构成这台模型的主体部件有四个：机车底盘、蒸汽锅炉、机车驾驶室以及煤车。

制作流程：

　　1. 先从机车底盘做起。机车底盘制作展开图见【图4-113】。这个构件要支撑起全模型的所有零部件，所以，要根据所制作的模型的大小，选择合适硬度的卡纸制作，以防模型整体成型后变形。

　　2. 蒸汽锅炉是个圆形的部件，并且有粗细变化，见【图4-114】，故制作这个部件需要耐心。可分解成三个部分用卡纸分开制作，见【图4-115】。注意三部分合成后，整体结构要严谨规范，见【图4-116】。

　　蒸汽锅炉与全机车的比例关系从设计图纸中量取。要确

图 4-113

图 4-114

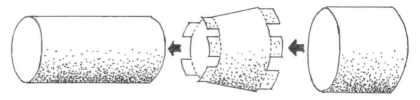

图 4-115

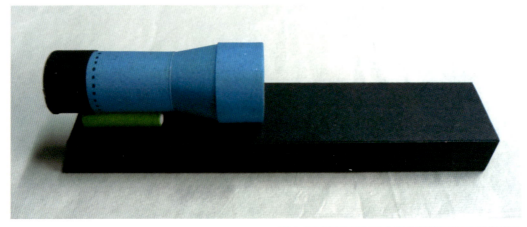

图 4-116 模型机车底盘与蒸汽锅炉合成后的制作效果

保局部制作尺寸的精度，才有可能保证模型整体结构合理，造型美观严谨。

3. 机车驾驶室也用卡纸制作，制作平面展开图见【图4-117】，图中画有阴影的部分是需要镂空的地方，制作完成后的效果见【图4-118】。机车驾驶室的顶棚是有弧度的，确定制作尺寸后，一定要在粘贴前整理好顶棚的弧度，以防驾驶室变形。

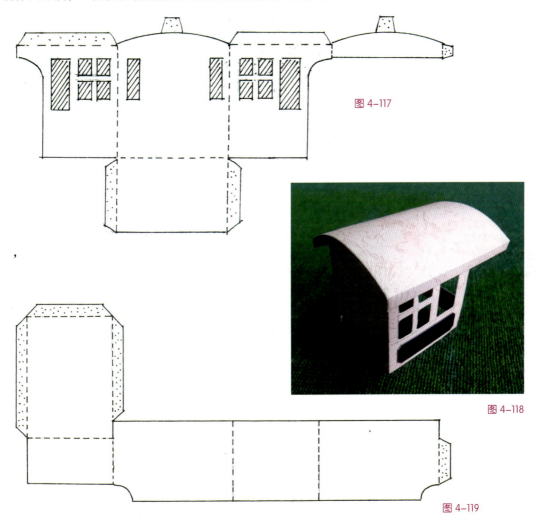

图 4-117

图 4-118

图 4-119

图 4-120

4. 机车的后部有一个煤车，煤车的制作展开图见【图4-119】，制作成型后的样子见【图4-120】。

5. 四个主体部件制作完成后，就可以进行初步的组装了，待这一步完成后，仿真【老式火车头模型】的雏形已经基本形成，见【图4-121】。接下来要做的，就是制作这辆机车的一系列小部件，例如：车轮、车轮推动连杆、汽缸、烟囱、车灯、车笛等等。

小部件是这辆机车的细节，"细节决定一切"

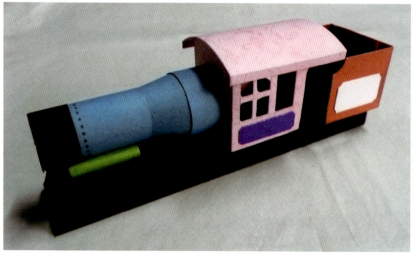

图 4-121

图 4-122

图 4-123

图 4-124 火车头正面结构制作参照图

的哲理在这儿同样适用，强调小部件的制作质量，模型整体制作质量才有保证。

6. 车轮是火车头的重要零件，为了增强车轮的立体感，建议制作车轮的材料要选用较厚的卡纸，其正面图及侧面图见【图 4-122】。另外，为了火车头整体效果美观，制作火车头的车轮时，还要注意色彩效果，见【图 4-123】。

7. 【图 4-125、126、127、128、129、130】为火车头部分小型零件图。其他小零件做得越多越精致越好，其安装及效果见【图 4-124】。

图 4-125 车头正面零件及局部图

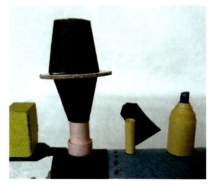

图 4-126 车头局部零件布局图

图 -127 车铃

图 4-128 烟囱

图 4-129 汽笛

图 4-130 车灯

图 4-131 仿真【老式火车头模型】制作效果欣赏图片

第四章 综合材料设计与造型

第五章

幼儿园手工辅助技能

　　在幼儿园环境布设中，常常需要制作墙画、宣传牌、活动区域划分指示牌、主题园地等等，设计与制作这些美化环境的美术制品，都要用到各种各样的美术字。庄重严肃的黑体、宋体美术字其实很不适合在幼儿园使用，而灵活多变的变体美术字才应该是幼儿园用字的首选。因此，我们把适用于幼儿园的变体美术字，以及将字写成后的后期手工制作处理方法，列为幼儿园手工设计与制作中的辅助技能。

一、幼儿园手工设计与制作中的应用美术

美术字也叫图案字，属于应用美术的范畴。

在幼儿园美术活动中，能够利用手工书写美术字应该是幼儿园教师必须掌握的技能技巧，并且在很多情况下，为了强化美术字的表现效果，同时也是为了能够将写好的美术字顺利地粘贴到墙上，或粘贴到标牌上，常常还要对书写在彩色卡纸上、吹塑板等材料上的各种美术字作出加厚、垫高、切割等一系列手工制作处理。因此，我们把适用于幼儿园的变体美术字，以及将字写成后所做的后期手工制作处理方法，列为幼儿园手工设计与制作中的辅助技能。

二、幼儿园用变体美术字设计

在计算机十分普及的现代社会，手工书写美术字已经在人们的工作、生活中淡出，取而代之的是铺天盖地的机写美术字。但在幼儿园这一特殊环境中，手工书写的各种变体美术字仍有很大的应用空间及艺术展现价值。之所以有此一说，完全是因为幼儿园的环境特殊，那里所呈现出来的氛围天真烂漫、热烈活泼，走进幼儿园，如同走入了一个色彩斑斓，具有梦幻般意境的童话世界。面对这样的环境和这样一群纯洁无邪，文化知识尚处在启蒙阶段的孩子们，将规范、严谨的黑体、宋体美术字用于环境美化，就显得十分呆板，且过于严肃，与幼儿园的环境、氛围极其不协调。

变体美术字变化无穷，个性特色显著，只要选择恰当、合理使用，变体美术字会使幼儿园里的文字环境情趣横生、耳目一新，见【图5-1】。

图 5-1 欢快活泼的变体美术字

字体是设计出来的，因此字体又是文字精神的造型化。

人工设计的美术字也是文字，其功能同样是记录语言的符号，而且美术字更是最直接、最有效的视觉传递媒体，变体美术字是美术字的一种表现形式，广义上说，同属于"图案字"的范畴。

就美术字艺术本身而言，必须确认：这是一门专业性较强的美术技能技巧，特别是宋体与黑体美术字，产生的年代久远，造型成熟、稳定，能够在手工书写时熟练地驾驭它们并非易事。

对于大多数幼儿园教师而言，之所以不太容易写出较高水平的黑体、宋体美术字，关键不在于记住黑体、宋体美术字的字貌特征及笔画构成规律，而在于将每个具体的字的笔画，在演变成美术字笔画后，将其拼合时所需的技能技巧。这里的难点大概有三处：①横平竖直不好把握，书写时横平竖直的精度不够，特别是需要写很大的美术字或在版面特别大的情况下，手书时更难掌握好整体效果。②由于美术字种类繁多，每种字的笔画构成自成体系，难以记忆，笔画统一问题不容易弄清，协调不好，就容易乱套。③美术字的字架结构组合有一定的难度，初学者倘若没有对美术字做过较深入的学习与研究，就难能在书写时做到意在笔先，从而写出较高水平的黑体、宋体美术字，故这里我们提倡在幼儿园推广使用简单易学的变体美术字。

之所以向学前教育专业的在校大学生及幼儿园教师推介学习简易变体美术字，主要原因有三条：

（1）幼儿园用变体美术字，避开了书写正规黑体、宋体美术字时，必须做到的"横平竖直"这一难点，对笔画的水平与垂直效果没有苛刻的要求，这就大大弱化了幼儿园用变体美术字的书写难度。

（2）幼儿园用变体美术字对笔画间的组合关系，相对于字架结构严谨的宋体、黑体美术字而言，比较随意，没有严格意义上的诸如对"上紧下松、布局合理"等字架构成要素的太多要求，仅求笔画摆放不松散就行，而要做到这些并非难事。

（3）幼儿园用变体美术字是特意针对幼儿园氛围设计的，因此，字体造型特别适合在幼儿园里使用。

什么样的变体美术字比较适合在幼儿园这一特定环境里使用呢？

我们通过观赏当下流行的动画片、卡通画以及大量的幼儿、少儿读物，从中可以寻找到多种形式活泼、美观漂亮的变体美术字，这些变体美术字不仅有效地烘托了画面，突出了画面主题，而且能与画面有机地形成一个整体，有效地提升了小朋友们对画面理解的深度，同时也提高了画面的可观赏性。

1. 幼儿园用"面包体"变体美术字

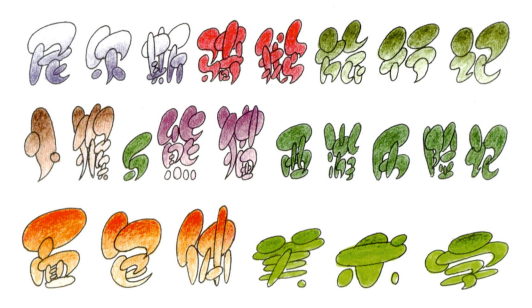

图 5-2 幼儿园用"面包体"变体美术字字例

这里之所以把【图 5-2】所示的美术字命名为"面包体"变体美术字，完全是因为组成这种字的笔画造型极其简单，每一个笔画的形状都和面包形状十分相似，几乎不需要任何装饰，简单易学，实际应用时还可以把笔画处理得粗细不定，有一定的随意性，这与书写规范、严谨的宋体、黑体美术字时所要求的笔画造型、粗细必须统一的标准相比，简便性显而易见。

2. 幼儿园用"板块体"变体美术字

所谓"板块体"变体美术字，意思是说这种美术字所有的笔画造型都像是一块块大小不同的小木板，这样的笔画造型不仅富有特点，而且写起来也非常方便，见【图 5-3】。

图 5-3 "板块体"变体美术字

另外，因为小木板在生活里呈现出来的形状往往是不固定的，所以，这种模拟大小不同、规格各异的小木板形状写出来的美术字笔画，即便是一头宽一头窄，也无关紧要，只要整个字笔画组合灵活合理，同样十分漂亮。

"板块体"变体美术字笔画设计要点：①笔画呈直线状，宽窄可以不定。②必要时可以将"点"设计成圆形，用以调节此种美术字的视觉效果。③板块摆放时要注意宽窄调节，特别是相邻的笔画更应寻求变化。

图 5-4 幼儿园用"板块体"变体美术字字例

综上，无论是"面包体"变体美术字，还是"板块体"变体美术字，它们都属于艺术字，是艺术就必然可以总结出规律，掌握了规律，就掌握了艺术。

适用于幼儿园的变体美术字，自然也有自己的规律，把握好这个规律，书写与应用就不是难事了。

125

第五章 幼儿园手工辅助技能

幼儿园用变体美术字书写规律：

（1）字的外形尽量寻求统一。

（2）笔画布局力求均匀，避免局部笔画拥挤。

（3）笔画无需横平竖直，可以倾斜，并且每一个笔画没有固定的倾斜角度，但倾斜的角度要灵活多变，特别要防止笔画间过多的平行状态。

（4）笔画造型要遵循一定的规律。

3. 幼儿园用"真空体"变体美术字

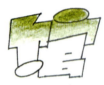

图 5-5　"真空体"变体美术字

所谓"真空体"变体美术字，完全是依据这种变体美术字笔画间的构成现象而确定其名称的。这种美术字与前两种字体相比，可以看出一个非常明显的特征，即其笔画与笔画间相互拥挤在一起，没有一丝一毫的缝隙，似乎空气也挤之不进，形成了极具个性特色的美术字装饰效果。

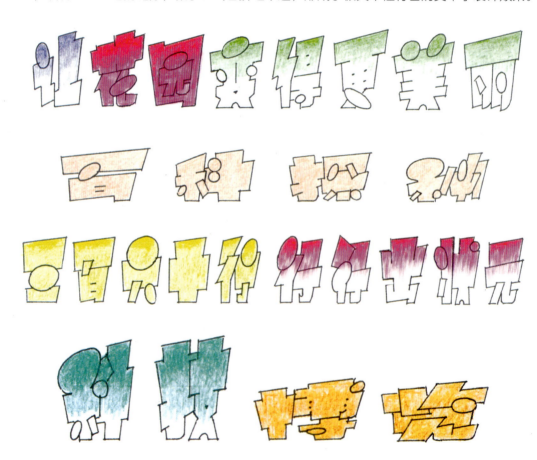

图 5-6　幼儿园用"真空体"变体美术字字例

三、幼儿园用变体美术字 "外文字体设计"

拉丁字母是全世界广为使用的一种文字，目前，应用拉丁字母拼音的国家多达六十多个，实际上拉丁字母已经成为世界通用字母了。

拉丁字母起源于图画，它的原型是埃及的象形文字，后来经过希腊字母和罗马字母的演变，成为现今的 26 个字母。

拉丁字母由古希腊人用几何学中的正方形、三角形、对角线、二等分线、圆等作为基础，加以修饰描绘而成为现行的拉丁文字。

我国的汉语拼音也采用了拉丁字母，因而，从字母造型上来说，变形体汉语拼音与英文字母造型没有根本的区别。

【拼音角】

【小小图书馆】

【小螺号】

【故事会】

图 5-7 变形体汉语拼音字例

图 5-8 英文变体美术字字例【我爱我家】

四、变体美术字后期手工制作处理方法

幼儿园用变体美术字书写完成后，为强化其装饰效果，常常需要将字作剪刻、加厚、垫高、切割等一系列处理，这个加工过程，其实就是手工制作的过程，比较常用的后期加工处理方法如下：

1. 为方便粘贴或移动定位等，可以将美术字写在厚卡纸上，并在美术字的外围画上线，画线时要注意：为力求美术字剪刻后的整体感，线要画得连贯，不要拘泥于笔画的细节，之后沿线剪刻下来。【图 5-8】为画好剪刻线的字例。

2. 如果想要追求美术字的立体效果，可以将写好的美术字先粘贴在吹塑板材上，然后沿着外围线进行切割处理，经过这样手工制作的美术字，粘贴到版面上以后，就会产生较强的立体效果。

3. 美术字后期制作处理还需要特别注意色彩的合理配置，忽略了这个问题，将直接影响制作后的效果。例如，将剪刻好的色彩明亮的红色美术字粘贴在明亮的黄色底板上，由于两者之间缺乏对比关系，观赏效果会大打折扣，而将其粘贴在色调深沉的暗红色、深褐色甚至黑色的底板上，使之形成对比关系，观赏效果就会让人爽心悦目了。

五、辅助技能实践

条件较好的幼儿园，可以在一间 60 平方米左右的活动室里，设计创设 6 个左右的活动区，例如语言区、科学区、情绪区、表演区、美工区、建构区等等。在幼儿园里创设不同的活动区，是为了平衡不断发展的幼儿个体之间的差异，满足幼儿不同的兴趣需求，让每一个幼儿都能融入到自己喜爱的活动中。

而在幼儿园各类区域中，为幼儿精心设置的各种指示牌，对幼儿规则意识的形成和培养具有教具的作用。

幼儿园里的活动区域标牌、宣传标牌的设计与制作，是一项艺术劳动，对幼儿园里的环境创设、环境美化起着一定的作用，甚至可能会影响幼儿园小朋友们参与活动的热情与兴趣。

制作实例（一）幼儿园【活动区域指示牌、宣传标牌】

标牌设计与制作要点：

1. 幼儿园里的各种标牌、指示牌、宣传牌的造型设计，要充满童趣，要与幼儿园的特定氛围相协调，要有别于社会上面向成人的标牌设计。

2. 因为是面向幼儿的，标牌设计要图文并茂，方显生动活泼。因为图是标牌的重要装饰，故图所占的体量不可过小。

3. 注意标牌的装饰效果，除去整体设计效果之外，标牌上的字采用垫贴法也是一种很好的装饰手段，见【图5-9】、【图5-11】。

图5-9

图5-10

第五章　幼儿园手工辅助技能

图5-11

图 5-12 幼儿园【区域活动指示牌】

图 5-13 幼儿园【友情提示牌】

图 5-14 幼儿园【友情提示牌】

图 5-15 【区域活动指示牌】

4. 标牌设计图文之间最好不要脱节, 图画与文字之间相辅相成才是最佳设计方案。例如【图5-12】、【图 5-13】、【图 5-14】和【图 5-15】。

5. 标牌除去造型设计之外, 色彩环节的设计也不容忽视, 面向小朋友的色彩设计应该是五彩缤纷的。

制作实例（二）幼儿园【一周食谱告示牌】

　　几乎每个规范化的幼儿园都有每日或每周小朋友餐饮告示牌，餐饮告示牌的设计与制作，应该列入幼儿园标牌宣传、环境美化的范畴。若将这个告示牌利用手工制作的方法加以艺术化处理，不仅可以提升告示牌的美观度，而且会在使用时更加便利。

　　因为幼儿园食谱告示牌上的内容要经常更换，所以书写餐饮内容的小牌子，要制作成随时可变换式的。【图5-16】、【图5-17】分别是两款可更换式餐饮标牌设计。

　　告示牌整体设计应该像一幅画，这样才能最大化地吸引小朋友们的眼球，见【图5-18】。

图5-16【插入式标牌】　　　　　　图5-17【悬挂式标牌】

图5-18【幼儿园一周食谱告示牌】设计制作参考图

制作实例（三）"数学类"课程教具设计【认识钟表】

幼儿园大班教材里讲了一个故事：小明因为前一天晚上贪看动画片，睡得太迟，第二天起不来床，没赶上幼儿园的旅行车，耽误了春游，小明懊悔莫及。由此，引出课题"认识钟表"。

让小朋友认识钟表，最理想的教具是设计制作一个卡通式的钟表模型，以期引起小朋友们的学习兴趣。

图 5-19 教具制作图片【认识钟表】制作者：潘艳

图 5-20

这件教具，通常应由两部分组成，即数字钟和卡通图画。

卡通钟表上的数字是这件教具的重要构成，因为面对的是孩子，数字的表现形式最好不要成人化，数字的设计要表现出"童趣"。如【图 5-20】，阿拉伯数字"1"被设计成一棵大树杆的样子，而"2"被夸张成了一只鹅的模样。

制作流程：

1. 先设计钟表表盘的形状，可以是圆形、椭圆形、方型等等，还要考虑相对应的图画，注意图画与表盘应该是相辅相成的关系。

2. 数字与卡通画采用剪贴的方法制作，这样的制作效果显得清楚，干净利落。

3. 为了迎合小朋友们的审美情趣，除去"12，3，6，9"外，其余的数字也可以用简单的图画替代、装饰，见【图5-24】、【图5-25】，甚至可以不要数字，以图代字。

4. 钟表的指针要制作成活动的，以便根据教学需要随时拨动指针。

5. 因为是活动教具，制作时所选用的板材一定要有较好的强度，特别是钟表的活动指针，要经得起反复旋转。

图 5-21【乌龟钟】制作者：吴婷

图 5-22【小熊卡通钟】制作者：李珊

图 5-23【青蛙卡通钟】制作者：聂怡婷

图 5-24

图 5-25

133

第五章 幼儿园手工辅助技能

后记

因为该书要应用于幼儿教育，所以它努力追求的风格是"幼儿园味"。

在江苏师范大学教育科学学院执教美术十年，未曾想过要编出此书。因故，数月前，初始构思此书，苦思冥想，觉得无从下手，而真的拿起笔，突然醒悟：十年教案，去粗取精、理顺脉络即是一本教科书。

美术绘画教学有基本的固定套路，无论怎么变革，后人改变不了前人创造的原始绘画规律。而手工教学，变数太大，从未有固定的套路，课题设计、材料应用全凭教师的智慧及教师自身的动手能力，而教师传授给学生的，应该是不断翻新的，一个又一个的"思路"，如此，执教者才有可能真正地做到在学生们面前"抛砖引玉"。

高校设立学前教育专业是近年的新兴专业，针对培养高学历幼儿教师的教学，许多学科还处于研讨中。作者在江师大十年的粉笔生涯，带着学生们画画、做手工，在探索中寻求进取，其乐无穷，在教与学的和谐气氛中，也让我与我的学生们结下了深厚的友谊，有的美术课代表后来当上了班长、团支书等其他职务，公务骤增，却仍不放弃继续兼职做我的课代表，不厌其烦地担当着收发作业、协调课务的麻烦事。也有许多毕业就职、读研深造后的学生长期与我保持着信息交流，每每忆起他们的音容笑貌，我感慨富有人情味的教学、师生交往也应纳入新时代教育改革的范畴。

大学生们是勤奋的、努力的，而正是他们的勤奋，他们的努力，反过来成就了我的教学。

一切还在继续中，新的教学构想又在不尽的时光中萌动……

本书作者写于 2012 年春节